人生に意味はあるか

諸富祥彦

講談社現代新書

1787

目　次

おわりに

はじめに

ふとした瞬間に

何気ない日常の、ふとした瞬間、私たちの心に訪れる問いがある。

「この私の人生に、意味なんてあるのだろうか」

「苦しかったり、さみしかったり、退屈だったりするこの毎日のくり返しに、いったい、どんな意味があるというのか……そのうちいずれ、死んでしまうというのに……」

何のために、生きるか。

人はなぜこの世に生まれ、そして何のために生きていくのか。

この問いは、老若男女を問わず、これまで無数の人々が幾度となくつぶやき、そして途方に暮れてきた問いです。昨日も、今日も、そして明日も、どこかで誰かが、この問いをつぶやいていることでしょう。

人はみな、いずれ死ぬ。

気づいたときにはこの世に産み落とされ、そして生き、さまざまな苦しみや喜びを経験して、その末にいやおうなく命を奪われていく。自分の意思とはかかわりなしに……。

自分がどこから来て、どこに行くのか。それすら知らされないまま、どう生きるべきかを考えながら、生きていくよう定められた存在。それが人間。

そんな人間が、問わずにはいられない問い。

「人は、何のために、この世に生まれてきたのか」

「そのために、どう生きればいいのか。生きていかなくてはいけないのか」

「人生の、ほんとうの意味と目的を知りたい」……

この問いは、人生を真摯《しんし》に生きていこうとする人であれば一度は本気で考えずにいられなくなる、人生の根本問題なのです。

この本で私は、この問題を真正面から考えてみたいと思います。


しかし、こんなふうに言われると、それだけでもう、反発を覚える方がいるかもしれません。「私の人生の意味や目的は、自分で考える。わざわざ、あなたなんかに教わりたくない」と。

当然のことです。

かつて私も、この問題にすごく悩んでいた時期がありました。

人生の「ほんとうの目的」を知りたい。

人生の「ほんとうの意味」を摑《つか》みたい。

つまり、この私の人生がいったい何のためにあるのかを。

私たち人間がそのために生き、かつ死ぬことができるような「人生の、ほんとうの意味と目的」を私は知りたい！

心の中でそう叫びながら、日々、この問いを問い続けました。

求めて求めて、求め続けたのです。

けれど、いくら求めても答えは求まらず、その苦しみは中学三年生の春から七年あまりも続きました。その間、二度ほど、自死の寸前まで追い込まれたこともあります。

そのとき私はまず、書物に「答え」を求めました。どこかに「正しい答え」が書かれているのでは、と狂わんばかりに探し求め、さまざまな本を読みあさったのです。

けれども結局、心の底から納得できる答えはただの一つも、見つかりませんでした。

どの本にもたしかに、いいことは書いてある。けれど、私の心の底に響いて、「そうだ！　私は、このために生まれてきた。このために生きていけばいいのだ」と納得できる答えは、どこにも見つけられなかったのです。

そればかりではありません。書物の中に、「人生の意味はここにあるのだ」などと、自分もとっくに考えていたことがもったいぶって書かれていたりすると、おおいに反発を感じたものです。

「自分の人生の意味や目的は誰かに教わるものではない。自分で探していくものだ」

「ただ一度きりの人生をどう生きるか。それを他の誰かに決められてたまるものか‼」

私はこの考えに、百パーセント、賛成します。

ただ、この問題に本気で取り組んでいく道のりの途上で、書物を読むことが役に立つこともあるでしょう。自分の考えを整理するのに役立つでしょうし、ほかの人の考えを知ることで自分の考えが刺激を受けて進んでいくこともあるはずです。

この本は、あなたに、そんな刺激を与えるためのものです。

「答え」はむこうからやってきた

では、七年もの間、人生の意味と目的を求め続けた結果、私は「答え」を「手に入れる」ことができたのでしょうか。

結論から言えば、イエスです。幸いなことに、私は自分が心の底から満足のいく「答え」を手にすることができました。私は、この人生にほんとうに感謝しています。

ただし、結果的に「答え」は手に入りましたが、その手に入り方というのは、けっして

「自分で見つけた」とか「自分で手に入れた」とは言いがたいものでした。

私は「答え」を「自分で手に入れた」のではありません。

「答え」は、いわば、むこうからおのずとやってきた。気がついたら、届けられていたのです。

そこで手に入った「答え」が何であったのか。それについてはもちろん、この本の本文で書いていきます。

ただ、この本では、私自身の考えだけでなく、私とは異なるさまざまな方の考えも紹介しながら、それとならべて「人生の意味や目的に関するさまざまな考えの一つ」として私の考えも提示しました。

私は決して、私自身の考えを唯一絶対の正しい考えとして、誰かに押し付けたいとは思いません。

というのも、七年の苦しみの末に、私はある「答え」に行き着きましたが、もしその「答え」を、その七年前の（つまり、悩み始める前の）私に知らせたとしても、おそらくまったく納得しなかっただろうと思えるからです。それどころか、何のことか、理解することすらできなかったかもしれません。

科学的知識と異なり、人生の真理には、ある種の体験を経なくてはなかなか理解できないことがあります。

したがって私は、「どんな答えに行き着くか」よりも、「どう探し求めるか」「どれほど本気で答えを探し求めるか」のほうが、より重要であると思います。人生の真理は、あくまで自分の体験を通して得たものしか、自分のものにはならないからです。

読者の方には、この本に紹介されたさまざまな考えを、あくまで参考にしながらも鵜呑《うの》みにはせず、「自分の人生の意味と目的を自分で探究していく道」を歩んでいただきたいと思います。

カウンセラーとして

かつてこの問題に死ぬほど悩んだ経験から、私はその後、心理カウンセラーを志すことになり、いまではそれを生業としています。

前に書いた私の本（『〈むなしさ〉の心理学』講談社現代新書、など）を読まれて、時折誤解される方がいました。「あなたの人生には必ず意味がありますよ」などと、相談に来られた方を私が説得していると思われる方がいたのです。

カウンセリングの場で私は「人生の意味は必ずあります」とか、「あなたの人生の意味はここにあります」などと相手を説得することはありません。あくまで、相談に来られた方が自分で自分の納得のいく答えを探すのをお手伝いしていくだけです。

本書でも私は、同じ役割に徹したいと思います。

違うのは、本書では自分自身の考えをかなり語っていることですが（まともなカウンセラーは、そのような独演会のようなことは決してしないものです）、それほど読者を「説得したい」という気持ちで書いたものではありません。そもそも人を「説得したい」欲求の強い人には、カウンセラーという仕事は誘惑が強すぎてふつうは務まらないでしょう。

もちろん私も人間ですから、私の考えに「そうそう。そのとおり」とうなずきながら、共感されたり同意したりしてもらえると、やっぱりうれしくなるのは確かです。

しかし、それはそれだけのこと。こだわりはありません。

人間として生まれたからには

ではなぜ、私はこの本を書こうと思ったのか、そのことを少し説明しておきましょう。

一つには、この問題を一度も真剣に考えたことがない、という人が、あまりに多いからです。せっかく人間として生まれてきたのに、それではあまりにもったいない、と私は思います。

別の言い方をすれば、せっかく人間としてこの世に生まれてきたからには、一度はこの問題を真剣に考えてみてほしい。そんな願いが、私にはあるのです。

さまざまな生命体がこの地球には存在しますが、「自分は何のために、どう生きるべきか」と問うことができるのは、ひとり人間だけです。そしてそこで発見した意味や目的に自分の人生の全体を方向づけたり、場合によっては徹底的な自己変革に取り組んだりすることができるのも、もちろん人間だけでしょう。

私はそこに——自分の存在や人生の全体をどこに向けて方向づけるかを自分で決めることができるところに——人間とほかの動物との決定的な違いがあると思います。人間であることの決定的な権利と責任がそこにあると思うのです。

つまり「人間として生きる」とは、自然の慣性にまかせて生きるのをやめて、自分がいかなる「意味と目的」に向かって生きつつあるのか、生きていくのか、それを自覚的に意識しながら生きること。そこに、人間の人間たるゆえんがあるのではないでしょうか。

人間は、自己の全存在を（自然の慣性に逆らって）自分で決めた方向に向けて自覚的に向け変え、方向づけながら生きることができる存在です。この点にこそ、宇宙の進化の全過程において、それまでの動物とは決定的に異なる、人間の出現の画期的な意味があると私は思うのです。

そしてその出発点は、「人生の意味や目的は何か」「私たちは、何に向かって生きるべきか」を探究していくことにほかなりません。なのに、それについて一度も真剣に考えたことがない、というのは、あまりにもったいなくはないでしょうか。

危険な問い

なぜこうなるのでしょうか。

一つには、この問題に潜む危険性を察知するからだと思います。

実際、大学の授業などで、「人生の意味」の問題を学生たちと話しあっていると、「私、こんなこと真剣に考え始めるとまともに生きられなくなる気がして、できるだけ考えないようにしてきたんです」などと語る学生もいます。

たしかにこの問いは、恐ろしい問いです。この問いを真剣に考えはじめると、いつしかそれに憑《つ》かれたようになってしまい、「人生のほんとうの意味と目的をどうしても知りたい。それがわからなければ、もう生きていけない」という状態（私はそれを「哲学神経症」と呼んでいます）にかかってしまいかねないからです。

実際、私自身がその状態に七年も陥ってしまい、人生を半ば棒に振りかけたのですから、その危険性はよく知っています。そしてそれでも、「この問題を悩みぬくことで、それ以上に大切なものが手に入った」という思いがあるので、この本を書いているのです。

もう一つの理由は、怠惰です。このような、なかなか答えの出ない問題を考え続けるのはすごくエネルギーが要ることなので、「もうやめとこう」となるわけです。

生きる意味に悩む人々

「生きる意味に悩む人」と言っても、その内実はさまざま。大きく、次の三つに分けることができます。

一つは、特に大きな悩みがあったり、カウンセリングを受けにきたりはしないけれども、いつも「漠然とした空虚感」に苛《さいな》まれている人。「何か足りない。どこかむなしい」と感じている人です。

日本だけでなく、先進諸国の多くの人々が今、こうした状態に苛まれています。毎日がとても味気なく過ぎていく。生きることが無味乾燥にしか感じられないのです。

こういった人は、「生きる意味」の問題を主題化し、自覚的に「悩み苦しんでいる」というのではありません。そうではなく、ただ、生きることに味わいがなく、漠然とした空虚感に苛まれているのです。

こうなると人間は、イライラしてきます。そしてそれが募ってくると、時としてリストカットなどの行為で自分を傷つけたり、ギャンブルや買い物などの快感に依存することで空虚な自己から逃れ出ようとし始めたりします。

「生きる意味に悩む人」の分類の二つめは、人生の意味や目的を懸命に求めるけれども、いくら求めても得られずに苦しんでいる、かつての私のような人です。

そして三つめのグループは、人生に絶望しきっている方、「こんな人生に意味などない」と考えている方々です。

ある主婦の方はこんなふうに訴えます。

「子育ての苦労、口うるさい姑との関係、夫との毎日の口論……ただ、こんなつらいことがくり返されていくだけの毎日……。もし人生が、こんな毎日がくり返されていって、そして終わっていくだけだとしたら、こんな人生にいったいどんな意味があるっていうんでしょうか」

ある女子大学生は言います。

「生きることもできなければ、死ぬこともできないんです」

「できれば、そっと誰かに殺してほしい……」

この世界と首の皮一枚でつながっている。そんな生命感の希薄な方も少なくありません。こうした人は、ものをきちんと考える癖が強くて、考えなくてもいいことまでつい考えてしまうところがあります。そして考えるのに疲れきって「死にたくなる」のです。

したがって、こうした方には、ものごとをつきつめて考えてしまいたくなるような、まじめな読書全般をあまりお勧めしません。

私はカウンセリングの中で、時折「どうしたら、ものをあまり考えなくてすむか、その工夫をいっしょに考えましょう」などと提案することがあります。考えなくてすむような心の状態をつくる工夫をしていくのです。そんな方には読書療法は（読む本にもよりますが）あまりお勧めできないのです。

もっとも、考えて考えて考えぬいて、突きぬけた末にようやく考えることから解放される方もいますから、一概に言うこともできません。

まぁ、いずれにせよ、焦らず、ゆっくりやっていきましょう。

パートⅠ 「人生の意味」を考える

第1章 先生は、なぜ死なないんですか

ある日のカウンセリングルームから

私は、心理カウンセラーとして、さまざまな方の悩みをうかがってきました。

本書のテーマである「人生の意味や目的」とのかかわりで、特に印象深いお二人のケースの、ごく小さな断片だけを紹介しましょう。

一つめは、二十代後半の、一見少し気が強そうに見える女性、ひとみさん（仮名）のケースです。

ひとみさんはリストカットの常習者です。リストカットそのものは、多くの方が言うように、死ぬための行為ではなく「生きていくために必要なもの」。けれども、何度か深く切りすぎて、病院に運ばれたこともあります。

最初にリストカットを覚えたのは、三年くらい前。ひとみさんの母親は幼いころから厳格で、よく怒鳴りつけていたそうですが、最近は、ひとみさんがなかなか結婚しようとしないこと、雑誌やテレビ番組の企画など、夢を食うような仕事ばかりしていることに「そんなことばかりしてて、どうするの」と干渉してくるようになったといいます。そんなとき、リストカットをしていると「なぜか、不思議と気が紛れて落ち着いてくる」ことに気づいて、いつの間にか、時々しないと気がすまなくなってきた、というのです。

ひとみさんの腕には無数の傷跡。カウンセリングの最中にも、「ごめんなさい。イライラしてきた」と腕を切り始めることがありました。

「ごめんね。それをやりながらだと、お話うかがう気持ちになれないな」

私は、さすがにそれはとめましたが、単にその行動を禁止するだけではだめなように思いました。リストカットは、また、そうしたくなるひとみさんの中の何かは、ひとみさんが気づく必要のある何かを伝えてきているように感じたからです。

私はひとみさんに、カッターで腕を切ろうとするときの、カッターをとりあげて自分の腕を見つめるその最初の動作を、可能な限りゆっくりと、スローモーションで何度かくり返し、やってもらいました。とても、とてもゆっくりと。そして、そこでどんな感じがするか、いつもはイライラしながら何も感じないようにしておこなっている動作を、今度はそこに意識を向けてていねいに感じてもらいながら。特にその動作の起こり始めのあたりに焦点を当てて、ゆっくりとくり返しおこなってもらったのです。

私「どんな感じかな」

ひとみさん「うーん、ちょっと待って……うーん……あっわかった！　私、目をそむけたいんだ」

私「そむけるって、何から」

ひとみさん「何からだろう……空虚……とてもリアルな空虚」

たずねると、ひとみさんは最近、何をしていても楽しくない、生きている喜びが実感できないのだと言います。

「あぁ、ここは楽しいところなんだ、嬉しくする場面なんだ、ってことはわかるし、そんな場面になると、実際、楽しいのは楽しいし、嬉しいのは嬉しいんですよ。でもね、今は嬉しいとこなんだ、とか、今は楽しいとこなんだ、と頭で考えたり、冷静に見つめたりしている自分がいて、何も考えずに、あぁ、ただ楽しい、ただ嬉しいってことがないんです。


もうどれくらいかなぁ、そんな感じがなくなって……」

そんなひとみさんにとって人生とは、「ただただ空虚」であり、それが「リアル（現実）」なのだと言います。そして、人生がただ空虚で、無意味で、無臭なものであることを直視したくない、そこから目をそむけたいから、自分はリストカットをしているのだろう、と。リストカットをしている間だけ、傷の痛みに集中できて、すべてを忘れることができるから。

こうした訴えは、ひとみさんだけのものではありません。多くの方が、同じようなことを口にします。ただただ空虚で、ただただ無意味な人生。そこから逃れたくて、ある人はリストカットなどの自傷に走り、別の人は買い物依存やギャンブル依存などの依存症にはまっていきます。強い刺激に自分をさらすことで、見たくない現実を見ずにすませようとするのです。

ひとみさんは言います。

「人生ってさぁ、ただただ、つまらないこと、つらいこと、面倒臭いことのくり返しじゃない？　……ただ空虚……ただただ空虚……よくみんな、ごまかしごまかし生きていけるねえ。

人生はこんなにつらくて退屈なのに、いったいなぜ、何のために生き続けていかなくてはいけないの？

先生はどうなの？　本で読んだけど、昔、死のうとしたんでしょ。どうして死なかったの。今、死よりも生を選んでいる理由は何？　つまり、どうしてあなたは死なないの？」

ほかの人から、「あなたはどうして死なないの？」と面と向かってたずねられることは、めったにあるものではありません。

二十代のクライアントは、時折、こうしたあまりに純粋で、むき出しの問いを私たちにぶつけてきます。思わず一瞬、ドキリとさせられます。

私は、自分には今でも、人生がただ空虚に思える瞬間はあること、そして以前はそういう体験があまりに強烈で自分で自分をもてあまして死にたいと思ったこともあったこと、ただ今は、毎日の一瞬一瞬がとてもいとおしく思えるほど幸福なこと、などを、言葉を選びながらていねいに説明しました。そして、彼女の中から出てくる言葉に再び、ていねいに耳を傾けていきました。

「人生に意味がある」なんて、許せない!

もう一つのケースは、すでにほかの本でも紹介したことのある和美さん(仮名)のケースです。和美さんは、遠方から一回きりの面接のために私に会いに来られた四十代半ばの女性でした。

おそらく電車や飛行機の中で再度読みなおして来られたのでしょう、私の著書の何冊かをバッグの中から取り出されました。たくさんのページに朱で線が引かれています。「私の熱心な読者の方なんだろうなぁ。ありがたいことだ」と思い、その気持ちをお伝えして、てっきり「サインでもねだられるんだろう」と構えていると、こう言われたのです。

「先生、申し訳ないんですけど、先生がここでおっしゃっていることは、ぜったいに間違っています。今日は、それを認めていただきたくて、こちらまで参りました」

それは、拙著『〈むなしさ〉の心理学』の中で、後で紹介するビクトール・フランクルの考えを、私なりに説明した次のような箇所でした。

「どんなときも人生には、意味がある。あなたを待っている何かがあり、あなたを待っている誰かがいる。そしてその何かや誰かのために、あなたにもできることがある」

私自身もたいへん好きな言葉です。読者の方にも、この言葉が好きだと言ってくださる方が少なくありません。

けれども和美さんは、この部分が許せない、と言うのです。

彼女は、全身をブルブルと震わせながら、こう言います。

「生きていくことに、意味があるだなんて言われたら、困ります。もし、この人生に意味があるとしたら……私のこれまでの人生は何だったんだって思うんです。子どもの頃は両親に振り回され、結婚してからは夫に虐げられ続けた、私の人生。生きていると言えるかどうかも怪しい、私の人生……。

人間なんて結局、モノにすぎない。心だって脳という物質が作り出した幻だ。すべての人間は、みんな死んで、灰になるだけ。そう思えると、『そうか、人生なんて結局無意味。それでいいんだ』とすごく気が楽になる、落ちついてくるんですけど、先生みたいに、人生には意味があるだなんて書かれると、私の人生が、あまりにも惨めで、惨めで……」

「生きていくことに、意味があるだなんて言われたら、困る」――彼女の言葉が、私の胸に突き刺さりました。

それはそうだ、と思うのです。人生そのものが灰のようにしか思えない時、「どんなときも人生には、意味がある」なんて言葉を読むと、単なるきれい事か、お説教にしか聞こえない。もっと落ち込んでしまうのが、関の山です。

「私の本のせいで、ずいぶん悩ませてしまったみたいですね。でも私は、『人生の意味を見つけ出せなければ、だめなんだ』と言っているわけじゃないんです。

あの本でも書いたように、私もかつて、自殺未遂をしたことがあります。今は何とか、『人生には意味がある』と思えているけれど、もともと心が弱いほうだから、この先またどうなるか、わからないし……。

ところで、あなたが人生についてどのような思いやイメージを抱いておられるか、もう少しお話しいただいても、いいですか」

私はこんなふうに切り出してみました。それを手がかりに、ほんの少しでも大切な気づきを得てお帰りいただければ、と願って、話をうかがい始めたのです。

意味が実感できない社会

二つのケースを紹介しました。お二人にとって、人生は無意味で、無味乾燥で、つらいことや我慢することばかりの連続に映っています。人生は、その無意味さを、リアルに露呈してしまっているのです。

ひとみさんの場合、特別に何かつらいことがあったわけではありません。二十代も後半になって、いまだにこまごまと干渉してくる母親とのつきあいにはさすがにうんざりしているようですが、ほかには格別につらい出来事があったわけではないのです。

にもかかわらず、ひとみさんにとって、人生は「端的に空虚」。楽しいことがあっても、嬉しいことがあっても、「あぁ、いまは、楽しいときなんだなぁ」と、それをただ客観的に眺めてしまう。その圧倒的な空虚から目を逸らすために、彼女はリストカットに走ってしまうのです。

ひとみさんのケースが特殊なのではありません。私は今、多くの日本人が毎日の生活の中で「生きる意味を実感できていない」のではないか、そしてそれは、これからの日本社会を左右する大問題であると感じるようになってきているのです。「生きる意味を実感できる社会をどうつくるか」――これが、これからの日本社会のターニングポイントになりうると私は思うのです。

日本に限らず、多くの先進諸国の人々がいま、自分の人生に漠然とした空虚感を感じ始めています。「特に悩みがあるわけではない。けれど、何かが足りない。満たされない」と感じているのです。そこに欠けているのは「生きる喜び」であり、溢れんばかりの「生の充実感」です。そして「自分がここにいることには意味がある」という「生きる意味の実感」です。

「心の溜め」が利かない

では、「意味」が実感できない社会では、どんなことが起こってくるのでしょうか。

当然のことですが、自分のしていること、やっていることに「意味がある」感じがないと、たとえ同じ量の仕事をしたとしても、ストレスはかなり大きくなってしまいます。

たとえばある会社員が、その会社でどうしてもしたい仕事があって入社したとしましょう。こういう「夢も希望もある状態」では、たとえいやな上司から嫌味を言われたとしても、それほどつらくはありません。いや、つらいのはつらいにしても、それに耐えて前向きに頑張ることができます。それはそうすることの「意味」が実感できるからです。

一方、同じ仕事をしていたとしても、その会社で特にやりたいことがあるわけでもなく、ただ一時的に生活のために働いているとしましょう。このような「夢も希望もない状態」で上司から屈辱的な扱いを受けたとしたら、いかがでしょう。「やってられないよ!」

とぶちキレたくもなるのも当然ではないでしょうか。それに耐えることの「意味」が実感できなくなっているからです。

このように、「意味」が実感できない時、人はそこで起こったいやなこと、つらいこと、耐えられないこと、などに対する「心の溜め」が利かなくなってくるのです。

ここでは会社の例をあげましたが、私はこのような「意味の実感し難さ」が日本社会全体を覆っているように感じています。

今の日本では、どれほど「耐えることの意味」「頑張ることの意味」「退屈さをしのぐことの意味」が実感できるでしょうか。最近、家庭や職場、学校などで、衝動的な暴力事件がしばしば起こっていますが、それはその状況を「しのぐことの意味」が実感できなくなっているからではないでしょうか。

つまり、今の日本社会は「たとえ頑張ったり、つらいこと不快なことに耐えたりしても、たいしたものは手に入らない。逆に、適当にだらだらやったり、面倒くさくなったら放り出してしまっても、たいして失うもののない社会」——そんなローリスク・ローリターンの社会になってしまってはいないでしょうか。

だとすれば、「生きる意味」や生の実感が得られにくいとしても当然です。

とんでもない、日本の企業はかつての終身雇用制が崩れ、実績主義になってきている、いつリストラされるかもわからず危機意識は高まってきているはずだ、と思われる方もいるかもしれません。

たしかに経済的に見ればそうでしょう。しかし、心理的に見れば、横並び好きの日本人にとって最も危機意識が高まるのは、「レールから外れるとき」。そういう意味では、多くの若者がフルタイムの仕事に就けず、ニートと呼ばれる人々やフリーターが溢れ、リストラにあった失業者も少なからずおり、結婚しなかったりできなかったりする人が大量に出現し、結婚しても三組に一組が離婚する、という現状は、いわゆる「レールがあってないような社会」、「安心してレールから外れられる社会」になっているのです。もちろん、個々のケースを見れば、早く結婚しなさい、いい加減働きなさいと急《せ》かす親や、リストラなんて恥ずかしい、世間に顔向けできない、と言い出す妻も、まだまだいるとしてもです。

私たちカウンセラーは、いわゆる「レール」から外れがちな方の相談に乗っているわけで、そうした意味では、今の社会は「社会的圧力の緩い社会」であり、「一人ひとりの多様な個性が尊重されやすい社会」ということもできます。経済不況や生活苦という面を別にすれば、いい面もたくさんあるのです。

しかし、別の面から見れば、今の日本社会は「頑張ったり耐えたりしても、たいしたものは手に入らない、報われることの少ない社会」であり、「適当にだらだらやったり、面倒くさくなったら放り出してしまっても、たいして失うもののない社会」です。横並び好きで「レールから外れないこと」を何より重んじる日本人にとって、ひどく向上心が生じにくい社会になってしまっているのです。

そんな雰囲気の中で、多くの日本人の「心の溜め」が利かなくなっているのは、当然のこと。「心の溜め」とは、不快な感情を抱えながらその場をしのぐ力のことですが、この力が弱まり、ちょっとしたことでぶちキレたり、「もういいや」と放り出してしまうことが増え始めたように思われるのです。

すべてが「面倒くさい」

このことを私がもっともストレートに実感させられるのは、結婚や恋愛、仕事を持つことを「面倒くさい」と感じる、大学生から二十代後半くらいまでの、若い男性たちの訴えを聴くときです。彼らは言います。

「やっぱり結婚しなくちゃいけないんでしょうか」

「できるだけ働きたくないんですけど、へんでしょうかね」

「性的な欲求はあるんですけど、つきあったりするのは、どうも面倒くさくて……」

いろいろなことがすぐに「面倒くさく」なってしまう。そして、何かトラブルや揉《も》め事《ごと》があったりすると、すぐに「この仕事、もうやめちゃおう」「この人との関係は、切っちゃおう」と思ってしまう。

要するに、何か気まずいことが起きたらリセット、という発想。困難に直面したらそれを何とかしようとするよりも、「面倒くさい→抹消!」と発想してしまうのです。

最初の職場でいやなことがあって辞めた後、二年経《た》ち三年経ってもずっと仕事に就く気にならないニートの若者たちもそうです。「いつもどこか、うつうつとしていて、毎日が無味乾燥にしか感じられない。いろんなことが、すぐどうでもよくなってしまう」という「軽うつ」の方が急増しているのも、同根です。また、アルコール依存、パチンコ依存、ダイエット依存といった依存症も、そうやって自分を強い刺激にさらし続けることで、漠然とした空虚から逃避するための手段であると見ることもできます。こうしたさまざまな心の問題の背景に、いわばＢＧＭのようなものとして、漠然とした空虚感、意味のなさが漂っています。

意味がないから、心の「穴」に、つるりとすべり落ちてしまうのです。

透明な世界

「この、端的に無意味な人生を、いったい何のために生きていかなくてはならないんですか……ただただ、むなしくて、さみしくて、つらいだけなのに」

こう語るひとみさんのケースから、私たちは、彼女にこう語らせてしまう今の日本社会のあり方について、考えをめぐらせてきました。それは、「生きる意味を実感できない社会」であり、「努力や忍耐が報われない社会」であり、「合理化のあまり、豊かさに必要なものまで削ぎ落としてしまった社会」であり、「心の溜めが利かない社会」でした。

この世界がただ「端的に空虚」に映っている若者たちの特徴は、見知らぬ人や「仲間」以外の人への共感性の著しい低さと、それゆえの攻撃性のとめどなさです。

彼女たちは、仲間内の数人にはすごく気を遣います。家族の人間関係にもすごく敏感で、両親の不和にはしばしば本人たち以上に反応します。父親と親友のように仲のいい女子高生も少なくなく、中には父親の浮気の相談相手になったり、卒業後リストラにあった父親のサポートのためにキャバクラでバイトを始めたり、といった実に妙なバランス感覚の子もいます。

驚くのは、そんな、ごく近しい人にはきわめて親切でやさしい彼女たちが、見知らぬ相手には、どこまでも冷淡でありうる点です。たとえば、二〇〇四年十月、イラクで日本人の若者が惨殺されて大きな事件となりましたが、その惨殺のシーンの映像を見ても「何も感じない」と答える若者が少なくなかったのです。私にとって、これはかなりの衝撃でした。ひとの苦しみ、悲しみ、つらさに無感覚になることの恐ろしさ……。

しかし見方を変えれば、彼女たちはただ、この時代の空気に正直に反応しただけなのかもしれません。

すべてが空虚で、はかなくて、中途半端な刺激だけが、漂っていて。先が見えなくて不透明、なのではありません。どこまで行っても、もう何もないことが見えてしまっている。ただ、意味を剝奪された「現実」だけが、むき出しのまま露呈されている。どこまでいっても、あまりにも透明な世界です。

生きる意味の問題を考えるために

この時代の空虚なリアリズムは、相手を選ばず浸透していきます。

最近では小学生までが、生きる意味の問題に関心を向け始めたようです。

ある地方新聞の投書欄に、小学校五年生の子どもが、「もしかしたら、人生に意味なんてないのではないだろうか」という疑問を投稿したというのです。

だからでしょうか。少し前に、ある教育関係の出版社の方から「小学校高学年向けの、生きる意味の本を書いてくれませんか」との依頼をいただいて、驚いたことがあります。

私は中学校のスクールカウンセラーもしていますが、たとえば、不登校傾向がある中学一年生のあゆみちゃん(仮名)は、ゲームをしたりイラストを描いたりしている合間に、ぽつんとこうもらします。

「先生、私、昨日の夜、ぼーっと空をながめながら思ったんだけど、私の魂は、どうして、〝いま・ここ〟の〝この私〟を選んでやってきたんだろう。ほかの星でも、ほかの国でも、ほかの物体でも、ほかの生き物でもよかったろうに。

私の魂が、〝いま・ここ〟の、〝この私〟を選んでやってきたってことは、やっぱり何か、意味があるんでしょうか」

人生の意味と目的――。この問題は、いまや小学生の子どもから、亡くなる寸前の老人に至るまでが共有する、人生の根本問題です。

けれども、まさにそのような重要な問題であることがわかっているからこそ、この問題について真剣に考えるのは「怖い」。それについていったん本気で考え始めると、抜け出られなくなってしまいそうで、何となく、怖い。そんな気がして、あまり考えないようにしてきた、という方も、少なくないようです。特に、高校生や大学生など、若い方にはそうした人が多いようです。

この本は、そんなあなたがこの問題について真剣に考え抜き、そして、心の底から納得できる「人生のほんとうの意味と目的」を探し求める旅に出るための、ガイドブックのような本です。

人生の根本問題の答えは、あくまで自分自身で真剣に考え抜き、自分に固有のプロセスを経て、その末にたどりついた「答え」でなくてはあまり意味をなしません。他人から一方的に与えられた「答え」は、あまり意味を持たないのです。

読者の方々が、あくまで自分自身で「人生の意味と目的」という大問題に真剣に向き合うためのきっかけを与えること。これが、本書の目的です。

そのために、次章で、私がこの問題について大学でおこなった授業を紹介しましょう。

授業に半ば参加しているような擬似体験ができるよう工夫をしていきますので、どうぞそのつもりで読み進めてください。

第2章　模擬授業「人生に意味はあるか」

授業の意図

私は、勤務している明治大学の授業の一コマを使って、「人生の意味」の問題を扱い、学生に考えさせる授業をしています。

ほとんどの学生は、「人生の意味は、ここにあるのだ」と、私がとうとうと説教じみた講義をするのではないか、と思って席につくようですが、そんなことはいたしません。

まだ十代後半から二十代前半が大半の学生たちに、中年男が「人生の意味っていうのはなぁ」と講義したところで、ただ無用の反発を買うか、単位欲しさに「おっしゃるとおりで……」となるのが関の山だからです。

では、どうやってこの問題を考えさせるか。

二〇〇四年度の授業では、六人一組のグループに受講生を分け、そこで人生の意味についてディスカッションをおこないました。しかし、ただ自分の意見を闘わせるのでは、一部のエキセントリックな学生が「意味なんてない。死んだら灰になるだけ」と言い張り、ほかの無難志向の学生は、「意味はある。なぜなら、私が死んでも誰かの思いの中で、私たちは生きるから」といった常識的な考えを語るにとどまりがちです。それでは、目的を達することができません。目的は、それまで「人生の意味」の問題をあまり考えたことがない学生たちにこの問題を自分で考えさせることだからです。

では、どうするか。

私は、学生一人一人の中にある「相反する二つの立場の間の対話」をどうやって生じさせるかが問題だ、と考えました。

私もそうですが、たいていの人間は、自分自身の中に、「人生はすばらしい。意味があるにきまっている」と感じている部分と、「人生なんてつまらない。空虚で、無意味だ」と感じている部分の「心の中の二つのポール（極）」があります。

ある時、あるすばらしい経験をして、その立場（視点）から人生を捉えるとき、この人生は意味に満ち溢れているように思えます。たとえば、すごくいやなことが重なり、くさりかけているときに、愛する人が笑顔で「会いたかった」と言ってくれる。その一言を聞くだけですべてが癒される。「あぁ、やっぱり人生っていいものだ」「人生は意味に満ちている」と思うことがあるはずです。

逆に、たとえば受験や就職、恋愛に何度も失敗するなど、つらいことが重なって気持ちが沈みこんでいるときに、その立場から人生を捉えると、何だか自分が人生そのものに歓迎されていないように感じられて、「こんな人生に、意味なんかあるものか」という気持ちになることもあると思います。

私は、この「心の中の二つのポール（極）」の間の自己内対話を促進することが重要だと考えました。さらに、その自己内対話を刺激し促進する上で、ほかの学生との対話も大きな意味を持つように思えました。

そこで具体的には、次のような手順で授業を進めていきました。

①「人生に意味はない」という立場に立つと人生がどのように見えるか。「人生に意味はない」理由は何か。自分の本音にかかわりなくその立場に立つとどう考えられるかを、ディスカッションペーパーに書く。（五分）

②六人で、今書いたことを分かち合う。気の弱い学生でも、安心して自分の考えを語ることができるように、一人三分その学生が語る時間を確保し、本人が語り終えたら、ほかの五人が質問する。

③「人生に意味はある」立場に立つと人生はどのように見えるか。「人生に意味はある」理由は何か。自分の本音にかかわりなくその立場に立つとどう考えられるかを、ディスカッションペーパーに書く。（五分）

④六人で、今書いたことを分かち合う。一人三分。

⑤二つの立場に立っての分かち合いを終えた後、今度は、「自分自身の立場」に立ち返

って、「人生に意味はある立場」と「人生に意味はない立場」のどちらにより気持ちが傾くか、その理由は何かをディスカッションペーパーに書く。（五分）

⑥六人で、今書いたことを分かち合う。一人三分。

以下では、この授業でディスカッションペーパーに書かれた内容を紹介していきます。学生のプライバシー保護のため、あるいは読みやすくするために、時には多少の、時には大幅な修正を加えてあります。

読者の方も半ばこの授業に参加しているつもりになれるように、途中でディスカッションペーパーを用意して書き込めるようにしました。友人や恋人同士、家族の中でお互いにディスカッションをしても有意義な体験になると思います。

「生きる意味」について考えるとき

ディスカッションに入る前に、学生たちがどんなときに、「人生の意味」について思いをめぐらしたことがあるか、まずそれを振りかえって書いてもらいました。

○幼稚園のとき、テレビで「くもの糸」を見てから、ときどき考えている。

○小学校五年生のとき、担任の教師が「人生って何の意味があるか、自分は何者なのか、考えたことがありますか。人生の中でいつか絶対考えることだけど、君たちはそろそろ考える頃だろうね」と話をしてくれたことがあった。その時からちょくちょく考えるようになり、最近祖父が死んだ後、特に考えるようになりました。

○小学校五、六年の時に、あまりに学校の成績が悪く、両親にひどく叱られて「こんな自分はいないほうがいいのでは」と悩んだ。

○中学の時、学級でひどいいじめを受けて。自分の存在がこのクラスにないかのような扱いを受けていて、「やっぱり自分はこの世に存在しないほうがいいのではないか」と思い始めていた。

○中学生から高校生の時。小学生の頃から、なりたいと思っていたものがあって、それをあきらめざるを得なくなってから、人生の目標が見つけられずに悩んだ。

○高校生のとき。高校の先輩でとても親しくしていた人が、事故で亡くなったとき。自分も死ぬかもしれないと思うほど大きなショックを受けた。

○ある大学に不本意に入学したときのこと。「自分は何のためにこの大学に通わなくてはいけないんだ」「何のために生きていかなくてはならないんだ」と思い悩んでいた。

○駅のプラットホームにいるとき、「ここでは、生と死が隣り合わせなんだ」と実感してから。

このほかにも、「将来の進路について考え始めたとき」「ひとり暮らしを始めた時」「失恋をしたとき」といった答えがありました。これらは、

①「何らかの理由で、誰か重要な人とのつながりを失ったとき。失いそうになったとき」

②「自分にとって大切な誰かから、自分を否定された時」

③「将来に対する希望や展望を見出せなくなった時」

④「特にきっかけはなく、ふとした時に」

といったように、四つくらいに分類することができるでしょう。

このうち、①と②を私は「急性の実存的空虚」とか「絶望型の実存的空虚」などと呼んでいます。自分にとって大切な何かを否定されたり、生きる望みを絶たれたりしたことをきっかけに、生きる支えや希望を失ったかのように感じてしまうのです。

学生の話ばかりですと共感できない読者の方もおられると思うので、カウンセリングなどで出会った大人の方の話も紹介しましょう。

先日お会いしたある三十代の女性は、いくら不妊治療をしても、子どもができないこと

に絶望して、「もう生きていても仕方がないのではないか」と思い始めます。「両親が生きている間はだいじょうぶです。けれど、両親が死んでしまったら……。子どもがいないと、自分が無条件に大切にできるものがこの世からまったくなくなってしまうような気がして」と彼女は言うのです。

このほかにも、いろいろな方がおられます。たとえば、

○自分が信じていた宗教の教祖から裏切られた信者の方。
○夫との愛がすべてと思って生きてきたのに、夫の二十年来の不倫が発覚して死のうと思った五十代の女性。
○お子さんを不慮の事故で亡くされた親御さん。

いずれの方も、自分がそこに自分の存在をかけてきた「大切な何か」を失うことで「望み」を「絶たれた」、まさに「絶望」したのです。

一方、このような具体的なきっかけによって絶望のどん底に突き落とされた、ということはないけれど、いつの間にか、じわりじわりとにじり寄ってくるような「慢性の空虚感」があります。先の四つの分類でいうと、「特にきっかけはなく、ふとした時に」とい

●どんなときに人生の意味について考えたことがあるか

うタイプの空虚感です。

私はこれを「慢性の実存的空虚」とか「閉塞型の実存的空虚」と呼んでいます。

この「慢性的な空虚感」の怖いところは、具体的な理由やきっかけがないだけに、怒りをぶつける対象を持ちえない、ということです。いわば「見えない敵」、幽霊のような「実体のない敵」にエネルギーを吸い取られてしまうところがこの空虚感の怖いところです。先進諸国の最大の心の課題はこの困難な課題にどう立ち向かうかにある、と私は思っています。

これまで、「どんなときに人生の意味について考えたことがあるか」さまざまな人の言葉を紹介してきました。あなた自身はこれまで、どんなときに「人生の意味」の問題を考えたことがあるでしょうか。少し振り返って上の書き込み欄に書いてみましょう。

「人生に意味はない」のはなぜか

では、いよいよ「人生に意味はない」「人生に意味はある」の二つの立場の自己内対話に進んでいきます。

まず、学生たちが書いた「人生に意味はない」理由を紹介していきます。

読者の方も、「もし、人生に意味がないとすれば、それはなぜだろうか」と考えながら、次に紹介するさまざまな考えから「共感するもの」「反発を覚えるもの」などを選びながら読み進めていってください。いくつかに分類して、紹介していきましょう。

最初は、「個人的な体験にもとづくもの」。

○人生に意味なんてない。だって、生きていて、つまらないから。

○生きていて、心がついていかない。バラバラ。なのにそれを続けるのは、疲れる。

○いくら仕事をしても、給料も変わらず、たいした額ももらえず、家族は給料が来るのを当たり前だと思い、感謝の念もなく使い、定年六十五まで働き、その間、「くさい、きたない」などと女房と子どもになじられ、やっと定年になると病気になってしたいこともできず、「誰のための何のための人生だったのか」と思いながら死んでいく。やはり人生に意味などない……。

最後に紹介したのは、社会人の男性の方の嘆きの言葉です。私には、現代社会を生きる男性の物悲しさを描いた『さみしい男』（ちくま新書）という著書もありますが……あぁ、男って、やっぱりさみしい！

次に紹介するのは、「世を嘆くがゆえの発言」です。

○戦争がおこなわれている国もあるし、今生きている世界は年々悪くなっている。こんな世界で生きていても仕方ないのでは。

○今まで自分は周囲に流されて生きてきました。そのまま大学に入って、目的もなく生きています。きっとこのまま就職してもつまらない人生しか待っていない。かといってフリーターになると世間の目は冷たい。何が人生で正しいのか分からない。そんな世の中で生きていく意味はない。

だんだん本質的な内容に移っていきます。

次に紹介するのは、「人間の誕生に焦点を当てた発言」です。

○赤ちゃんの頃に死んでしまう子どももたくさんいて、その子たちは人生の意味なんて考えられなかったし、そこに意味があるとは思えない。
○親の都合で、こちらは望んでもいないのに生まれてきて、周りの人間に振り回されながら生きて、死にたくもないのに死んでいく。そのことが分かった時点で、これ以上生きていくのは時間の無駄。さっさと死んだほうがいい。

次に紹介するのは、「人間や地球の、端的な無意味さに焦点を当てた発言」。
○地球が存在することに意味はない。だから人間が生きる意味もない。
○そもそも、人間が必要である必要がない。この宇宙がこの宇宙であることにも意味がない。

次に紹介するのは「一人一人の人間は無に等しいといった内容のもの」です。
○自分が生きていても、死んでも、世界は勝手に進んでいく。
○血液がなくなっても代わりに作られていくように、自分が死んでも自分の代わりになる人間なんて、いくらでもいる。人間の一生なんて血液のようなもの。
○人間はある意味、高度にプログラミングされたロボット。感情や行動もそのプログラムによるものだから、そんなロボットに生きている意味などない。
○人間は、DNAの乗り物にすぎない。人間が生きていくのは、結局は次の世代に遺伝子を残すために過ぎない。人間の生きていくサイクルは遺伝子ゲームだって思ったことがある。

後で「意味がある」立場の発言をご覧いただきますが、その中では多くの人が人生の意味を「死んでも誰かの心の中で生き続けるから」と答えています。しかし次の発言は、そうした希望を打ち砕く発言です。

○あと百年もしたら、自分を覚えている人は、誰もいなくなる。百年なんて、あっという間。
○死んだら、歴史に残るような人物以外は、いつの間にか忘れられてしまう。
○どんな生き方をしたところで死んでしまえば結局同じ。魂だって、きっと消える。
○自分が死んで、いつしか人類も滅んで、そして地球もいつしかなくなっていく。そう考えると、「生きるって何だろう」とむなしくなる。

次に紹介するのは、「自分が存在していること自体に罪の意識を抱き、自分を追い込んでしまっている感じのもの」です。カウンセラーとしては、少し心配になります。

○自分が生きて、息をすることで、他の人の酸素を奪って、二酸化炭素を出してしまっている。そのこと自体、罪悪感でいっぱいになってしまう。

○自分がこの世に存在していること自体、誰かの迷惑になっている。そのことを思うと、死にたくなる。

「食事をして、生命を奪ってしか生きていけない事実を思うと、自分は要らないのかなと思う」という言葉もありました。

次に紹介するのは、「人生に意味がないと考えたほうが楽に生きられるから」という、人生の現実的な処方箋としての「人生無意味説」です。

○人生に意味はない、と思っていたほうが、意味があると思える出来事に出会えたとき、喜びが大きいと思うから。
○人生に意味があると思うと、それを探さなくてはならなくなって苦しい。ないと思って開き直って生きていったほうが、楽しく生きられる。

次に紹介するのは、「意味」を求める心の働きそのものの無意味さを指摘したもの。
○人生の意味なんて後づけだ。意味は後から付け足しているだけで、生きていることに意味はない。そんなの考えているのは時間の無駄。さっさと寝て、疲れを取って、明日のバイトに備えよう。
○生きる意味なんて、結局は「主観」じゃん。だから死んでしまえば「意味」自体もなくなるよ。
○生きている意味は、ないならないでいいじゃないか。形而上学的なことを考えても、絶対的な結論なんて出るわけではないのだから出す必要もない。僕は今、生きている。それでいいのだと思う。

最後の言葉は、ある種の潔い諦観というか、自由な伸びやかさを感じさせてくれます。

以上が、「人生に意味はない」という立場をとったとき、学生たちがその理由として考えた内容です。いかがでしょう。あなたの内面はどの言葉にどのように反応したでしょうか。

これまで見てきたように、「人生に意味はない」立場の言葉も、必ずしも人生そのものを否定した内容のものばかりではありません。あえて「人生に意味はない」と考えることで、「人生に意味を求めてしまう息苦しさから解放されること」のメリットを訴えた内容のものも、少なからずありました。

「人生に意味はない」と考える人の多くは、生きることがつらくて、そのように考え始めます。しかしその一方で、「人生には意味がある」と考えようとするとかえって追い詰められてしまう。そこであえて「人生に意味はない」と考えることで、その苦しさから解放されようとする人もいるのです。

つまり、「人生には意味がある」と思うことで前向きに生きていくことのできる人が多くいる一方で、「人生に意味などない」と考えることで、より前向きに生きるエネルギーを感じられる人もいるわけです。この問題に対する内的な反応の多様性を改めて思い知らされます。

さて、今度は読者ご自身が考える番です。

●「人生に意味はない」立場のどの言葉に、最も心が動いたか

●それはなぜか

あなたは、「人生に意味はない」立場に立って書かれたさまざまな考えのうち、どの考えに一番気持ちが動いた（共感したり、引き寄せられたり、あるいは逆に反発したりした）でしょうか。その理由を考えて上の空欄に書き込んでみましょう。

「人生に意味がある」のはなぜか

今度は、学生たちが書いた「人生に意味はある」立場の理由を紹介していきます。

読者も、次に紹介するさまざまな考えの中から「共感するもの」「反発を覚えるもの」などを選びながら読み進めていってください。

まずは、「個人的な体験にもとづくもの」。

○何度か死にかけたことがあるけれど、その度に不思議なタイミングで助かった。「意味があるから、生かされているのでは」と思えた。人がこの世に生まれてくることは、神秘的な

出来事だ。
○最近、友だちが亡くなりました。でも彼の記憶は私の中にあります。だから人生には意味があります。大切な人の死を前にすると、人間には意味がないなんて、絶対に言えない。
○自分のからだに血が流れていること、痛みを感じることを実感したときに、生きる意味を感じることができます。そのために時々、針をさしたりして、自分が生きている実感をたしかめることがあります。

死にたいと思っていたけど、実際に死にそうになって死ななかったから、ホッとした。そのときはじめて、「あぁ、自分は生きていたかったんだなぁ」と気づく。

こういった体験をされている方は決して少なくありません。

私は職業柄、医者の友人も少なくありません。そんな友人の医師の一人が言うには、自殺未遂の人で、軽い状態で救われた人はしばしば未遂をくり返すけれども、つい勢いで切りすぎてしまって、大量の出血に見舞われ「ほんとうに死にそうになった人」は、多くの場合、それをきっかけに死のうとはしなくなる、とのことです。

そこまでいかないと、人は生命のリアリティに触れることができないのでしょうか。

最後の言葉は、リストカットをくり返す思春期の少女たちにも通じる言葉です。彼女たちが言うように、「リストカット」は自殺未遂とは異なります。リストカットを通して、「自分の痛みを感じ、生きている実感を得る」ことが目的なのだという人も少なくありません。つまりそれは「死ぬためでなく、生きるために」必要な行為なのです。

次に紹介するのが、最も多くの人が「生きる意味」としてあげるものです。

○今は分からないけれど、生きる意味を探すために生きているんだと思う。

○死んだら、泣いてくれる人がいる。ただそれだけで、意味はある。

特に「生きる意味を探すために生きている。それが人生の意味」と答える方が、どこでたずねても最も多いのです。無難で、優等生的な答えです。

次の答えは、「生まれてくる意味に焦点を当てたもの」です。

○この世に生まれてくるのは、ものすごい偶然と確率でしか生まれてこない。それ自体、奇跡であり、意味がないなら生まれてこないはずだ。

○生まれてすぐ死んだ赤ちゃんでも、そのお母さんにとっては意味がある。赤ちゃんは何も得ることができなかったかもしれないが、生んだお母さんは何か大切なものを絶対に得ているから。

特に最後の言葉は印象的です。「生まれてきてすぐ死ぬ赤ん坊」が存在する事実は、しばしば「人生に意味などない」と考える人がその根拠として指摘するものです。しかしここでは、「赤ちゃんは何も得ることができなかったかもしれないが、生んだお母さんは何か大切なものを得ているから」その赤ん坊の人生にも意味があったのだ、と指摘されているのです。

ところで、「生まれてくる意味」だけに焦点を絞っても、それを「生まれてくること」自体に内在する意味（生まれてくるだけで意味がある）と捉える人と、「他者との関係」に視点を当てて考える人の両方がいることがわかります。

そしてこの二つのタイプの理由づけは、これから見るように、さまざまな場面でくり返されていきます。

次のいくつかの考えも、同様に、かなりポピュラーなもの。「人生の意味は、他の人に影響を与えたり、次の世界に何かを残していくことにある。そしてその影響は、自分が死んだ後も何らかの形で残り続けるであろうから、人生から意味はなくならない」というものです。

○地球というのは一つの生命体で、すべての生物はそこを流れる血液のようなもの。一人の人間はちっぽけで、たとえその人が死んでも世界は動き続けるだろうけれど、その人が世界を構成する要素であるということもまた、たしかな事実です。

○電車の中で、人にぶつかられて「ごめんなさい」と謝られると「あぁいい人だな」と思う。それだけで、人は人に影響を与えている。人生に意味はある。

○誰かが何かを頑張って、それを見た誰かが「自分も頑張ろう」と思って、それが大きくなって世の中は成り立っているのではないか。たとえば映画だって、監督、役者、スタッフが一生懸命になって作って、それを見て私たちも感動し、明日を生きる希望を持つことができる。その歯車を回すために私たちは生きているんじゃないか。

○生きている実感がわいてくるのは、他の人の中にいる自分を感じたとき。誰かに必要とされたり愛されたりしている自分を感じるために、生きようと思うし、生きる意味を見出せるのではないか。

○「自分なんて生きていても仕方がない」と思って死んでしまったとしても、どこかで誰かがきっと悲しむと思う。その悲しませたことがその人にとって生きた意味になるのだと思う。

いずれも、とても素直な感じ方です。

「人間は、生きていると必ずほかの人に影響を与える。だから人生には意味がある」という考えは、私たちの「つながり感覚」に訴えるものがあり、説得力を持ちます。

しかし、「つながり」そのものの意義ではなく、「死後も誰かに与える影響」にこだわってそこに人生の意味を求めてしまうと、「人類も、地球もいつしか滅ぶ」という冷酷な事実の前に打ちのめされてしまいます。

死後にも、自分がこの世に存在した証《あかし》が何らかの形で残り続ければ、と多くの人は願います。しかしそこに執着すればするほど、不安になる方も少なくないようです。

次に紹介するのは「人生のプロセスそのもの、このはかない一瞬一瞬にこそ意味がある、という考え」です。

○名前が残るかどうかが大事なのではなくて、人生を自分がどう楽しむか、感動するかに意味があると思う。百円のUFOキャッチャーをしても景品が取れたから意味があるんじゃなくて、何も取れなくても、その時間を楽しんだことに意味があるという感じと同じ。百円出したことは無駄ではない。生まれてくることにも意味がある。
○死んだら、たしかに何も残らないし、地球は変わらず回っている。人生の意味は、永遠ではなく、一瞬に咲く花のようなものではないだろうか。

「人生は、一瞬に咲く花のようなもの」――これは、私にかなり近い感じ方です。次の考えは、「死後のことに焦点を当て、そこから生きていることの意味を捉え返したもの」。

○死後の世界がどうなっているかはわからない。「生きていくのがつらい」「この世界には意味がない」と思うのは、今自分が生きている世界の視点に立ってのこと。死後の世界に焦点を当ててると、「生きているからこそ、悩むことができるんだ」と思えてくる。
○生きているからこそ、つらい、悲しいという感情も持てる。死んだら、そうした感情さえ、持てなくなってしまうかもしれない。こうやって「生きる意味」を考えることができるのも、生きているからこそ。そう思うと、自分を生んでくれた親に感謝の気持ちがわいてきた。

次に紹介するのは、「論理的な理由づけをおこなおうとする考え」です。

○たとえば、ボーッとしているだけでも、「ボーッとしていたい」というように、一つ一つの行動に意味があり目的がある。こうして、すべての行動には意味があると思うので、生きることにも意味があると思う。

○もし「意味」が存在しなければ、すべては無であり、「意味」について考えることもないと思う。こうやって考えていること自体、人生に意味がある証拠。

後者は「もし意味が存在しなければ、意味について考えることもできないはず」という考えですが、これは、「もし愛が存在しなければ、愛について語ることもできないはず。こうして愛について語ることができるということは、愛が存在する証拠」といったふうにさまざまなバリエーションが展開可能です。意味や愛についてはなんとなく違和感のない表現ですが、これが「もし幽霊やUFOが存在しなければ、それについて語ることもできないはず。こうして幽霊やUFOについて語ることができるということは、それが存在する証拠」となると、あれっと思われる方も多いはず。つまり詭弁です。

一方前者については、個々の行為の意図に関しては私たちは確認可能であるけれども、人生全体の意図はその範囲を超えている、という常識的な反論が可能でしょう。

次のは、異色。

○インターネットで検索してみたら、「自殺・絶望」よりも「自殺・希望」の言葉のほうがヒットした。

この学生は、インターネットの自殺系サイトを開く人が、絶望してサイトを開くのか、希望を求めてサイトを開くのか知りたくて、こんな検索をしてみたのです。その結果、「自殺・希望」の組み合わせのほうがヒット数が多かったことに安心した、というのです。

次は、「人生に意味があると考えることのメリットに着目したもの」。

○「人生に意味がある」と思って生きたほうが過ごしやすいから。「意味などない」と思うと心がへこんでしまう。どうせだったら意味があると思って生きたほうがいい。
○信じたものがちです。あると思っている人は意味を見出せます。

つまり、「意味があると信じたほうがお得!」というわけです。

みなさんは、「意味がない」立場の発言にも、同様のものがあったことをおぼえておられるでしょうか。「人生に意味がある」と考えたほうが前向きに生きることができると考える人、「意味などない」と考えたほうがかえって意味の呪縛《じゅばく》から解放されて、のびのび、さわやかに生きることができると感じる人、ほんとうにさまざまです。

次は、「生き方や魂の成長に焦点を当てたもの」です。

○生きること自体に意味があるし、生きていくことでさらに意味をつくることができると思う。生きることは常に戦いで、傷つき苦しむことはあるけれど、それでももっと前へ、もっと高く、と思い続け、進むことに意味がある。生まれてきただけですでに意味はあるけれど、前向きに生きることで「意味」は「意義あること」に変わっていく。生き方次第で人生に意味は生まれてくると思う。

○生命は生まれ変わりながら、魂を成長させている。思い悩んでいるときこそ、ビッグなチャンス。楽しいとき、苦しいとき、すべて含めて意味ある人生の出来事です。宇宙と人間はともに未知の存在として、暗黙の成長のベクトルを共に進んでいく。

次は、「この人生、この世界は、ただ今のままで意味に満ち満ちている、というもの」。

○今、隣に座ってる人、前に座ってる人……一億二千万人の中で数名に出会い、話をしていること自体が奇跡だ。人生は意味に満ち溢れている。

○人間の前に、存在そのものが意味に満ち溢れている。僕が僕として僕である確率、僕という形として成り立っていること、そのこと自体大いに意味がある。生きる意味について神経質になっていたのを放り投げたら、真実の自分になっていた。空は僕の下で折りたたまれる。感謝。

これも、私の感じ方にかなり近いものです。理屈を超えたリアリティを感じます。

以上が、「人生に意味はある」という立場をとったとき、学生たちがその理由として考えた内容です。

さて、今度は読者が考える番です。あなたは、「人生に意味はある」という観点で書かれたさまざまな考えのうち、どの考えに一番気持ちが動いた(共感したり、引き寄せられたり、あるいは逆に反発したりした)でしょうか。その理由を考えて次のページの空欄に書き込んでみましょう。

●「人生に意味がある」立場のどの言葉に、最も心が動いたか

●それはなぜか

意味・無意味を超えた視点

ディスカッションペーパーを見ると、「人生の意味／無意味」を超えた発言や、「この問題を考えること自体の意味」について考えた内容もいくつかありました。

次にそれを紹介しましょう。

○人間が生きるってことはしょせん、自己満足。そしてそれでいい。

○生きている。それが意味で、深く考えてはいけないと思う。

○語りえないものについては、沈黙しましょうよ、みなさん。

○人生は大河のようなもので、いかなる障害があっても、行き着く場所は決まっている。その流れに逆らって、意味を求めても仕方がない。

○世界単位や宇宙単位で生きる意味について考えても途方に暮れるだけ。もっと枠を小さくして、一つ一つの小さな喜びや怒りや、自分が今どう思って生きているかを自分で意味づけ

て生きていけばいいと思う。
○人生には意味がないから死にたい、という人もいるけれど、死ぬことにも意味はない。死にたい人は「意味がないから」死にたいのではなく、きっと何かしら理由があって「意味がない」と思っているのではないでしょうか。だとすると、「意味がないから死にたい」などと高尚なことを言っているよりも、死んでも意味はないのだから、生きてみてもいいのではないか。
○意味とかじゃなくて、生きるし。

これらの中で最も他の学生たちの共感を呼んだのは、最後の「意味とかじゃなくて、生きるし」という言葉です。ある学生は、次のように書いていました。

「言葉の表現自体に重みがあって、〝生きる〟ということを絶対視しているから、そこに否定の余地がありません。『意味なんて考えたこともない』という彼女は、おそらく人生を本当に楽しんでいて、そこに無意識に意味を見出しているからこそ、こういった発言ができたのでしょう。何か強い生命力のようなものをもらった気がしました」

「意味とかじゃなくて、生きるし」――この言葉には、「人生の意味の問題に対する私たちの答えは、思考（言葉）によって考え出すものではない。この問題に対する真の答えは、私たちが実際に生きることによって無言のうちに出すものだし、実際すでに出してしまっている」という暗黙のメッセージが込められています。

当然のことですが、私がカウンセリングの場で出会う方の多くは、不安定な心を抱えています。そして、自分に自信がなくなり、心が不安定になっているからこそ、「人生に意味はあるか」と問うのです。人生の意味を、生きることを、ほんとうに肯定している人の多くは、この問題を意識的に問うことすらしません。その必要がないからです。

これは私のカウンセリングの経験とも一致します。

カウンセリングの終了時に、「先生、人生に意味はあるんですね」「ようやく見つけました」などと一生懸命語って終わられた方は、少し心配になります。またカウンセリングに戻ってこられることが少なくないからです。逆に、「何だかこんなこと考えて疲れているのが、もう、ばかばかしくなっちゃって」と、問いを放り投げて終わる人の方が安心できます。カウンセリングに戻ってくることも少ないようです。

といっても、そうして順調に人生を進んでゆき、ほんとうに満たされた（幸福の絶頂の）ときに、再び、突如として人生が「むなしく、無意味に」感じられはじめるのが、この問題の（そして人間の心の）難しいところですが……。

●人生に意味はあるか、ないか。あるいはこの問題をどう考えるか

●それはなぜか

●この問題について気づいたこと、考えたこと

自分自身の立場で

さて、これまで、まず「人生に意味はない」立場に立ったときの学生の発言を、次に「人生に意味はある」立場に立ったときの学生の発言を読んでそれぞれに対するご自分の内的な反応を確かめてもらいました。

いよいよ、この模擬授業も最後の段階に入りました。これまで自分自身の内側で生じてきたさまざまな思考や心の動きをもう一度振り返ってみましょう。そして最後に、「自分自身の本音（素《す》）の立場」に返って、「人生の意味の問題をどう考えるか」「それはなぜか」「この問題について、気づいたこと、考えたこと」の三点を上の空欄に書いてみましょう。

パートⅡ　これが答えだ

第３章　宗教や文学の答え

パートⅠでは、紙上模擬授業などを通して読者の方一人ひとりに「人生の意味の問題」についてご自分の考えを深めていただきました。

パートⅡは、いよいよ、解答編。ストレートに「人生に意味／目的はあるか」「あるとすれば、それは何か」という問題に迫っていきます。

しかし、この問題についての「正解」は一つではありません。これから見ていくように、さまざまな「答え」のいずれにも、ある種の真実を突いたところがあります。

パートⅡでは「人は何のために生まれ、いかに生きていくべきか」という問題について、これまでさまざまな著者が出してきたさまざまな「答え」を紹介していきます。そして最後に、現段階での、私自身の「答え」をお話しします。

読者の方には、ここに紹介されたさまざまな「答え」を手がかりに、ご自分自身の「答え」を探究していただければと思います。

五木寛之の答え――人生の目的を見つけるのが人生の目的

人生の意味と目的はどこにあるのか。

この問題について、これからさまざまな人の考えを紹介していきますが、どこから始めるべきかと考えたとき、まっさきに浮かんだのが『人生の目的』（幻冬舎）です。

本書は、学術専門書ではなく、一般の方が人生の意味の問題を考えるために書かれた一般書です。本書のそうした社会的使命を考えると、トップで取り上げるべきは、五木寛之さんのこの本でしょう。

この本を読んでみると、この問題に正面から答えている箇所はそれほど多くないことに気づかれるでしょう。しかし、明白な答えは「あとがきにかえて」で示されています。

「人生に決められた目的はない、と私は思う。しかし、目的のない人生はさびしい。さびしいだけでなく、むなしい。（中略）

人生の目的は、『自分の人生の目的』をさがすことである。自分ひとりの目的、世界中の誰ともちがう自分だけの『生きる意味』を見出すことである。変な言い方だが、『自分の人生の目的を見つけるのが、人生の目的である』と言ってもいい。私はそう思う。

そのためには、生き続けなくてはならない。生き続けていてこそ、目的も明らかになるのである。『われあり　ゆえにわれ求む』というのが私の立場だ」

いかがでしょうか。

ここで思い出していただきたいのは、前章の「模擬授業」で紹介した学生たちの考えです。学生たちの答えの中で最も一般的だったのが、ここで五木さんが言う「自分の人生の目的を見つけるのが、人生の目的である」でした。

五木さんは「私はそう思う」と念を押しています。五木さんが書いた本の内容は、当然、「五木さんが思ったこと」であるわけですから、そこであえて「私はそう思う」と言うのは、強調のためです。おそらく、あまりにありふれた、一般的な考えであることを五木さんも気づいているからこそ、敢えて強調されたのでしょう。

少し後で、五木さんはこう言います。

「人生の目的とは、おそらく最後まで見出すことのできないものなのだろう。それがいやだと思うなら、もうひとつ、『自分でつくる』という道もある。自分だけの人生の目的をつくりだす。それは、ひとつの物語をつくるということだ。自分で物語をつくり、それを信じて生きる。

しかし、これはなかなかむずかしいことである。そこで自分でつくった物語ではなく、共感できる人びとがつくった物語を『信じる』という道もある。

〈悟り〉という物語。〈来世〉という物語。〈浄土〉という物語。〈再生〉という物語。〈輪廻〉という物語。それぞれ偉大な物語だ。人が全身で信じた物語は、真実となる」

こうして五木さんは、人生の目的を得るとは、何らかの「人生の物語」を持つ、ということであり、そのためには、その物語を自分でつくるという方法と、偉大な物語を信じる

＝信仰を持つ、という方法があることを示しています。さらにその後で法然、親鸞をとりあげて、さりげなく、信仰の道に誘っています。

『なぜ生きる』の答え――「弥陀の救い」が人生の目的

高森顕徹《けんてつ》（浄土真宗親鸞会）監修（明橋大二、伊藤健太郎著）の『なぜ生きる』（1万年堂出版）も、五木さんの『人生の目的』に負けないくらい、多くの書店の店頭に積まれていた本です。しかしこの本は、五木さんとは異なり、読めばすぐにわかるように、一貫して親鸞の教えを説いた本。「はじめに」でいきなり、こうきます。

「親鸞聖人《しょうにん》ほど、人生の目的を明示し、その達成を勧められた方はない。『万人共通の生きる目的は、苦悩の根元を破り、〝よくぞこの世に生まれたものぞ〟の生命の大歓喜を得て、永遠の幸福に生かされることである。どんなに苦しくとも、この目的を果たすまでは生き抜きなさいよ』聖人、九十年のメッセージは一貫して、これしかなかった」

実に、直球勝負の本です。

別の箇所では『教行信証』の冒頭の言葉の解説として、こう言われています。

「弥陀の誓願は、私たちの苦悩の根元である無明の闇を破り、苦しみの波の絶えない人生の海を、明るく楽しくわたす大船である。この船に乗ることこそが人生の目的だ」

こうして親鸞の教えをストレートに説き続けていくこの本では、人生の目的を探すのが人生の目的である、とか、人生の目的は人さまざま、といった、よくある考えをバッサリ切り捨てます。五木さんは、「われあり　ゆえにわれ求む」が自分の立場だ、と言っていましたが、同じく親鸞を支えとするこの『なぜ生きる』では、そのようなスタンスはとりません。「『死ぬまで求道』が素晴らしい」などという考えは、「百パーセント求まらぬものを、死ぬまで求めつづけることの礼賛であり、ナンセンスとすぐわかる」「去年の宝くじと知りながら、買い続けるようなもの」と切り捨てます。

それに続けて、親鸞と善慧房《ぜんねぼう》との「体失・不体失往生の論争」がとりあげられています。弥陀の救いは死ぬまでない、という善慧房。生きているままで弥陀の救いはある、という親鸞。ふたりの論争を見ていた師の法然は親鸞に軍配をあげた、という物語です。

要するに、親鸞の教えにもとづいたこの本では、人生には「弥陀の救い」という大目的がある、この目的を知ったとき一切の悩みや苦しみは意味を持つし、この目的に向かって生きるときすべての努力は報われる、と説くのです。

（ここで真宗系の著者の考えを二人続けて紹介させていただきましたが、それはたまたま「人生の意味／目的」に直接言及したタイトルの著作が書かれていたためで、他意はありません。私は心理学者として真宗や親鸞から人間の心について多くのことを学びました

が、同様に、禅宗や密教や法華経などからも多くを学ばせていただきました)

トルストイの答え――庶民の福音に帰れ

「生きる意味」「むなしさ」「孤独」「絶望」といったテーマの研究は、心理学の分野では「実存心理学」と呼ばれます。この実存心理学のさまざまなテキストで、必ずといっていいほどとりあげられるのが、ロシアの文豪トルストイです。

裕福な貴族であり、また大勢の子どもと最愛の妻に恵まれ、幸福な家庭生活を営むトルストイ。ロシア最大の作家として、その存在が世界中から注目され、幸福の絶頂にあったはずの彼が、ある日突如として、自分はいかに生きるべきかも、何をなすべきかも知らないという意識に捕らわれるようになったのです。当時の体験を振り返って彼は言います。

「五年前から、何やらひどく、奇妙な状態が、時おり私の内部に起るようになって来た。いかに生くべきか、何をなすべきか、まるで見当がつかないような懐疑の瞬間、生活の運行が停止してしまうような瞬間が、私の上にやって来るようになったのである。そこで私は度を失い、憂苦の底に沈むのであった。が、こうした状態はまもなくすぎさり、私はふたたび従前のような生活を続けていた。と、やがて、こういう懐疑の瞬間が、層一層頻繁に、いつも同一の形をとって、反覆されるようになって来た。生活の運行が停止してしまったようなこの状態においては、いつも《何のために?》《で、それから先きは?》という同一の疑問が湧き起るのであった。

最初はそれが発すべからざる無益な疑問のように思われた。こんなことはみな分かり切ったことだ。俺がその解決をつけようと思えば、他愛なくできることなのだ。目下こんな問題にかかずらっている余裕がないけれども、よく考えれば、すぐに解答を得ることができるのだ。——こんな風に思われた。しかしながら、これらの疑問は日を追うて頻繁にくり返されるようになって来た。(中略)そして、解答のないこの疑問は同一の場所へ滴り落ちる墨汁の雫《しずく》のように、いつしか一つの真黒なしみになってしまった。

(中略)私はこれが精神的な一時の風邪でないことを悟った。これは実に重大事だ。いつも同一の疑問がくり返されるとしたら、私はそれに答えなければならない。——こう思った。で、私はこの疑問に答えようと試みた。この疑問は実に愚劣な、単純な、子供臭いものに思われていたのだが、いざ取り上げて、解決しようという段になると、たちまち私は、まず第一に、それが子供じみた愚かしい疑問でなどないどころか、人生における最も重大にして深刻な問題であるということ、それからさらに、いかほど頭をひねっても、自分にはこれを解決することができないのだということを、信ぜざるを得なくなった。(中略)《よろしい、お前は、ゴーゴリや、プーシキンや、シェークスピヤや、モリエールや、その他、世界中のあらゆる作家よりも素晴らしい名声を得るかも知れない。——が、それがどうしたというんだ？……》これに対して私は何一つ答えることができなかった。この疑問は悠々と答えを待ってなどいない。すぐに解答しなければならぬ。答えがなければ、生きて行くことができないのだ。しかも答えはないのだった」（『懺悔』岩波文庫）

長くなりましたが、人生の意味を疑い始めた者がどのようにしてこの問いから逃れられなくなっていくか、そのプロセスが実に見事に描写されている箇所なので引用しました。

人生の意味をこれほどまでして求めても求まらないならば、もう自分はこれ以上生きていけない。そう考えたトルストイは、自殺を企図し始めますが、まだ生きることへの未練を断ち切れない彼は、自室で首を吊るのを恐れてロープを隠したり、だしぬけに銃口を自分に向けはしないかと恐れて猟に行く計画を中止にしたりしています。

長い苦悩の末、トルストイの出した結論は、ごく普通の人々、とりわけ農民の生き方に学ぶ、というものでした。素朴な農民は、理性を越えた、より深い非合理的な知識を持ち合わせていると思えたのです。彼らは、理性より信仰に基づいて行動します。トルストイは、農民の信仰の源泉である福音書の教えに回帰し、そこに生きる意味を発見したのです。

いかがでしょう。これまで三つの「答え」を紹介してきました。

「何だ、結局、宗教かよ」と思われた方もいるかもしれません。仏教やキリスト教の説く「人生の意味や目的」を信じればいいのだ、と言われても、「それができれば苦労しない」となるのが、大方の方の反応でしょう。

しかし私は、五木さんの「人が全身で信じた物語は、真実となる」という言葉に深い共鳴を覚えます。宗教の言葉には、客観的な意味を問うても仕方がないところがあります。「全身で信じる」そのことによって真実が顕現する。いや「真実になる」のです。

ゲーテの答え――欲張って、命を燃やせ

次は、文豪ゲーテの『ファウスト』を見てみましょう。

この大作のテーマの一つは、実存心理学の観点から見れば、今ある空虚を満たそうと欲望をどれほど追い求めてもその空虚は埋まらない、いや、追い求めれば求めるほど、ただその空虚が際立ってくる、という問題にあります。そう、人間は、「欲望のパラドックス」を抱えた存在なのです。

欲望は、どこまで満たしても際限がありません。

金がほしい、女が欲しい、地位や名誉が欲しいと、ある欲望を満たした途端、すぐさま

新たな欲望が生じてきます。その結果、欲望追求に駆られ始めた人間は、どこまでいっても虚しい、満たされない、という「永遠の欲求不満」の状態に置かれてしまうのです。

そしてこの悪循環が恐ろしいのは、いったんそこに紛れ込んでしまうと、もはやそれでは満たされないことを知りつつも、そこから抜け出せなくなってしまうところにあります。こうして人は、永遠に、欲望の差異の紛れを漂うしかなくなるのです。

『ファウスト』第一部は、人間の欲望のこの矛盾した性質を見事に描き出しています。

学問を極め尽くしても、人生はただむなしいだけと気づいた大学者、ファウスト。その様子を見て、悪魔メフィストフェレスはファウストと交渉します。もし悪魔の力でファウストを満足させることができれば、おまえの死後の魂はいただく、と。

悪魔の力で若さを与えられたファウストは、穢《けが》れを知らない娘マルガレーテ（グレートヘン）に恋をし、身ごもらせてしまいます。その結果、母と兄を失ったマルガレーテは、ついには自らの手で、生まれたばかりの赤ん坊を沼に沈めて殺してしまい、その罪を問われて牢獄に幽閉されるのです。ファウストは言います。「ああ、俺は生まれてこなければよかった」と。

こうして『ファウスト』は、欲望の追求は絶望に行きつくことを示唆するのです。

しかし、この物語の面白さは、欲望に従って生きることを断罪するにとどまらないところにあります。第二部では、懲りないファウストはさらに、皇帝のリクエストに応えて、悪魔メフィストを説き伏せ、黄泉《よみ》の国からギリシア神話の伝説の美女ヘレナの影を呼び出させてしまいます。ヘレナの完全な美をも自分のものにすることに成功したファウストは、子どもをつくり、平和な家庭を築いて、今度こそほんとうに満足のいく生活を手に入れたかのように見えます。

しかし、その幸福の絶頂で今度は、愛する子オイフォリオンが平和な家庭生活に満足することを否定し、戦いを求めて旅立っていくのです。愛の結晶であるはずの愛する我が子が、平和な家庭生活を否定し、破壊していくのです。

こうして、皇帝の座も、女たちを囲った優雅な生活も、世界にとどろく名声も、すべてはむなしい、と悟ったファウスト。そんなファウストが、ここにこそ人生の意味があると気づき、「時よとまれ、おまえは美しい」と叫んだのは、自らの欲望の満足のためでなく、海を埋め立てて万人のための自由な国を建設しよう、と人々のための「理想の国」実現に向けて戦いはじめた時でした。

こうして『ファウスト』は、際限のない欲望追求に紛れ込んだり、卑小な家族愛エゴイズムに閉塞したりしがちな私たち現代人に、「ほんとうの幸福とは何か」「ほんものの満足とはいかなることか」と問いを突きつけてきます。そしてその真の答え（人生の意味）は、自らの欲望の満足へのこだわりを突き抜け、それを手放し、自己を超越した利他の状態に至ったときにはじめて手に入るのでした。

しかしこの真理は、ファウストの心の旅があらゆる学問への絶望から始まるように、決して単なる思索によって到達できるものではありません。「真の幸福とは○○である」「人生の意味は○○である」とあらゆる書物を通して学んだところで、ファウストの魂は決して満たされなかったでしょう。

ファウストのように実際に「欲張って欲張って、死ぬまでに何とか満足を得ようと命を燃やす」ことがなくては、人生のほんとうの意味も、真の幸福も、つかむことはできない。ゲーテがこの作品を通して表現したかったのはその点ではないでしょうか。

だからこそ、最初はファウストの魂を奪うことにしか関心のなかった不死の悪魔メフィストも、みずからの欲望を懸命に追求するファウストに次第に惚れ込んでいきます。そして、最後にはそればかりか、強烈な嫉妬すら覚えはじめるのです。

『ファウスト』で描かれたこの「求めて、求めて、求めぬく姿勢」。後に見るように、この姿勢こそ、人生の真実に到達するための鍵であると私には思えます。

第４章　哲学の答え

人生の意味や目的の問題を考えるとき、宗教に答えを求めるのを嫌悪する方は少なくないと思います。自分で答えを探し求めず、ほかの誰かがすでに出した「答え」を「信じる」ことで問題を解決しようとする姿勢。それは「逃げ」ではないか、というわけです。

この気持ちは、よくわかります。宗教や文学の「答え」は、五木さんも明言するように、一つの「物語」です。その物語はたしかに魅力的ではあるけれど、しかしそれは、いくつもありうる「物語」の一つにすぎないはずである。そのうち、ある「物語」を選び、他の「物語」を捨てる根拠はどこにあるのか、と疑問を抱くのです。

さて、そうした人が、人生の意味や目的の問題を考えるとき、その手がかりとするものは何か。それは「哲学」でしょう。

哲学の思考は、その「無前提性」と「徹底性」とを特徴とするからです。

次に、「哲学」では人生の意味の問題をどう考えるのか、見ていきましょう。

人類はいつか、消えてなくなる

哲学は、その「無前提性」を特徴とすると先に言いました。これは言い換えると、「物語」を拒絶するところに哲学の成立基盤がある、ということです。

では、哲学が、あるものの意味を問うとき、どういう思考をとるのでしょうか。たとえば私は今、この本を書いています。この本を書くという、このことにどんな意味があるかは、その作業に没頭している間は考えることができません。いったん作業を止めてその外に立ち、この作業の全体を見つめることでその意味を問うことができるのです。日常生活でも同様です。目の前のなすべきことに没頭しているとき、私たちは、それをおこなう意味について疑いを抱きません。子育てであれ、掃除であれ、それをおこなう意味を疑っていては、それに没頭することなどできなくなるでしょう。

人生の意味について疑いを抱き始めるのは、私たちが、自分が現に生きている人生の「外側」に視点を持つ時です。「たとえば私が死んだら」とか「私のことを記憶している人間がこの世から一人もいなくなる時がきたら」とか「人類がいつか、この宇宙から消え去るときがきたら」といった視点がそれです。

自分が没頭しているものごとから距離をとり、その外部に立ってそれ自体の意味を疑う、という懐疑の能力こそ、人間理性の本質です。そのため哲学的な人は、ひとたび根本的な疑いを抱くなら、その疑いを途中で放棄することができなくなってしまいます。

「僕にとって重要なのは、いつもと同じように朝トーストを食べ、昼に猫にえさをやるのを忘れないようにすることだけです。生きていくのにそれ以上のことは必要ありません」

そう割り切るならば、それはそれで自己完結した立派な解答です。

しかし、哲学的な人には、それができません。いったん人生の外部に視点を置いて、人生全体の目的は何であるかと問い始めると、その問いをどこまでも続けるより他なくなってしまうのです。いくら馬鹿馬鹿しい、もうやめようと思っても、いったん生まれた問いは、頭から消え去ってくれません。それは「問うこと」「疑うこと」が人間理性の本質だからです。

この哲学的思考で、人生の意味を考えるとどうなるでしょうか。

ごく一般的な、次のような考えを例にとってみましょう。

「たとえ私が死んでも、私の思い出は人の心に残り続ける。私の子どもも生き続ける。私が残した学問業績も人に影響を与え続けるだろう。だから私が死んでも、私が生きた証は残り続ける。すべてが無に帰するわけではない」

哲学は、こうした感傷的な考えをバサッと切り捨てます。

「たしかにあなたが死んでも、数十年はあなたについての記憶が人の心に残り続けるだろう。しかしその人々も、いつかは死んでゆく。あなたについての記憶を持つ人が、一人もいない時代が、いつかはやってくる」

たしかにあなたが死んでも、あなたの子どもは存在しているし、あなたの子どももその子ども（あなたの孫）を生むでしょう。そしてあなたの孫も、またその子どもを生むかもしれません。しかしこうした連鎖もいつかは止みます。絶滅しない類がいないように、人類もいつか、消え果てるからです。

たしかにあなたが死んでも、あなたの思い出は、しばらく他の人の心に残ることでしょう。歴史に名を刻むような人物であれば、なおさらです。しかしその幸運も永遠には続きません。何と言っても、「人類はいつか、消えてなくなる」のですから。

そう、「人類はいつか、消えてなくなる」――私が最初に、この視点を持ったとき、かなりインパクトがありました。まず圧倒的な空虚が襲ってきました。……そしていつの間にか、大きな解放感に包まれて、カラカラと笑い始めてしまったのです。

人類はいつか、消えてなくなる。すべては、チャラになる。

そう考えると、とてもむなしいけれども、同時にすごく解放されてくる。何もしなくてもいいけれど、何をしてもいい。そんな圧倒的な自由の感覚に襲われたのです。

トマス・ネーゲルの答え――すべては、一瞬の出来事

「人類がいつか、消えてなくなる日」――この視点を持つことは、私たちが自分の人生の意味を、どこかとても遠い視点から見つめることを可能にしてくれます。

これはどういうことでしょうか。もう少していねいに考えてみましょう。

多くの人は人生の意味を「自分が死んでも、何らかのかたちで残り続ける」ことに求めます。この考えの前提になっているのは、人生は「より大きな何か」の一部として目的を持つ、という考えだと、哲学者のトマス・ネーゲルは指摘します。

しかし、こうした考えをとると、さらにその「より大きな何か」そのものに関しても、その目的を問うことができてしまいます。そしてこの問いに答えるためには、「さらにより大きな何か」を持ち出して答えることになり、その「さらにより大きな何か」についても、その目的を問うことが可能になってきます。こうして、いったん人生の意味を根本から問い始めたが最後、その問いの連鎖はどこまでも続いていくことになります。

「個人的な人生の有限な諸目的に関する疑いが避けがたいとすれば、それと同じ理由によって、人生が有意味であるという気分を醸成するより大きな目的のどれをとっても、それを疑うことは避けがたいことになる。ひとたび根本的な疑いが始まってしまえば、それを途中で止める手立てはない」（『コウモリであるとはどのようなことか』勁草書房）

人生の意味を問うこの果てしない問いの連鎖に正面から答え、決着を付けることができる答え。その代表格が、「神の意図を実現するためだ」といった宗教的な答えです。なぜなら神は、それ以外のすべてのものを説明できると共に、自らが自分自身の目的であるような何かであって、自分の外に他の目的を持ってはいないからです。もちろんこのことは、たとえば「神」でなく「弥陀のはたらき」であっても変わりありません。

私たちは、「神の意図」は何のためにあるのか、と問うことはできません。「神の意図」という答えは（他の宗教的な考えと同じように）私たち人間が発する「なぜ」という問いを一挙に終わらせてしまう「答え」なのです。

しかし哲学では、この答えはとりません。確かめようがないことを前提しないのが、哲学の精神だからです。では、どうするか。

宗教的な答えを別にすると、人生の意味について、私たちが提出できる最も「大きな何か」は「人類の歴史」という観念です。「私はまもなく死ぬ。けれど、私は自分の仕事を通して人類の進歩に貢献した。だから、人類の歴史が続く限り、私の人生も無意味になることはない」と言うことができるのです。そう、人類の歴史が続く限りは。

私たちがここで直視しなくてはならないのは、「人類は、いつか消え去る」という厳然たる無情な事実です（以下、渋谷《しぶや》治美《はるよし》『逆説のニヒリズム』花伝社をもとにしました）。

一九六〇年代に、カール・セーガンを議長として世界各地から集まった自然科学者が〈ドレイクの方程式〉なるものにしたがって推定したところ、生命が誕生してそれが高等知性体に進化する確率は百分の一であり、この銀河においては十年に一つの割合で人間程度の高等知性体が誕生しているといいます。そしてこのような高等知性体の百のうち九十九は高等技術文明を築きはじめて数百年から一万年以内に、核エネルギー管理の失敗などによって滅びる、というのです。生き延びて十億年単位の長寿をまっとうするであろう高等技術文明は、百に一つしかありません。物理学者のこの推論を信じる限り、人類は九十九パーセントの確率で、そう遠くない将来に滅びることになります。

人類がこの先、英知を傾けて核エネルギーのコントロールに成功して、さまざまな環境問題も解決し、この「百に一つ」の幸運を手にいれたとしましょう。しかし、その場合にも、三千万年に一回の周期で地球に命中するといわれる小天体が存在します。これが実現すれば人類の存続は大困難に陥ります。

さらにまた、それをも免れたとしても、あと数十億年先に太陽の膨張が予測されています。寿命が尽きた太陽は、まず大きく膨張し、ついで小さく萎《しぼ》んで一つの岩塊になると考えられていますが、この膨張のさいに地球の軌道を包み込んでしまうと考えられるのです。

この危機を突破するためには、宇宙船によって他の天体に脱出するよりほかに術《すべ》はありません。何と言っても数十億年先の話ですから、この脱出も可能になることにしてみましょう。しかしその場合でも、最後にはすべての望みが断たれることになります。それは、数百億年から長くて一千億年先のことと予測されていますが、この宇宙全体に(それが開かれていようと閉じられていようと)最期が訪れる、ということです。

宇宙は、その総質量が軽ければ膨張し続け、重ければいずれ収縮します。今は収縮説の方が有力であるとのことですが、そうすると、数百億年先には、現在見られる物質の存在形態はすべて崩壊して、もとのプラズマ状態、さらにそれ以前の宇宙の卵としての「ひも」に逆戻りする(いわゆる「ビッグ・クラッシュ」)と言われているのです。

私は宇宙論が専門ではありませんし、こうした関係の書物にあまり目を通すこともありません。したがってここで書いたことも、今の科学ではすでに否定され、新たな仮説が提示されているのかもしれません。

しかし、一般的に考えて、人類にだけ破滅が訪れないとは考えにくいことです。いつしか、人類は消え去る。そして地球までも。これは免れえないことでしょう。

人類の永遠の存続は、ほぼ絶対的に否定されている、と言わなければならないのです。すると、「人類の歴史」とか「誰かに影響を与えるから、人生に意味はある」といったような仕方での、人生の意味づけは、ここで挫折せざるをえなくなります。私たちが生きた証を何らかの仕方で永遠に残そうとするいかなる努力も、完全に無駄骨となってしまうのです。

ネーゲルは言います。

「たとえあなたが偉大な文学作品を書き上げ、今から数千年にわたって読み継がれていくとしても、いつかは、太陽系が冷却し、あるいは、宇宙が徐々に縮小するか崩壊し、その結果、あなたの行った努力の痕跡は、あとかたもなく消え去ってしまうでしょう。いずれにせよ、私たちには、この種の不朽の業績の一端でさえも望むべくもありません」（『哲学ってどんなこと？』昭和堂）

私はいずれ死ぬ。そして人類そのものも、またこの宇宙全体も、いつしか跡形もなく消え去る。これは免れえない事実です。私たちがそれでも人生の意味を求めていくのならば、この事実をふまえた上で求めていくよりほかないのです。

私たちの人生は、人類全体の歴史に比べると、一瞬の花火のようにはかないものでしかありません。そしてそれと同じように、人類全体の歴史もまた、おそらく、より大きな何かからみれば、ほんの一瞬の出来事でしかありえないのです。

真木悠介さんも言うように「私の死のゆえに私の生はむなしいという感覚、人類の死滅のゆえに人類の歴史はむなしいという感覚は、くまなく明晰な意識にとっては避けることのできない真理のように思われ」るし、「〈私〉の生の時間が一瞬にすぎないという視座をとるかぎり――すなわち『永遠』を視座にとるかぎり、――人類の生の時間もまた一瞬にすぎないはず」（『時間の比較社会学』岩波現代文庫）なのです。

渋谷治美の答え――人は根拠なく生まれ、意義なく死んでいく

宇宙はいつしか、滅びる。跡形もなく。先に見た、この宇宙論的な事実をもとに、人生の意味の問題を考えたのが渋谷治美著『逆説のニヒリズム』です。哲学の専門書なので新書のように手軽に、というわけにはいきませんが、なかなか刺激的な本です。

渋谷さんは言います。まず、人類全体は、過去のある時点から目的を持ってスタートしたわけではないので「無根拠」な存在である。また同時に、先に見たように、宇宙論的視座から見れば、人類の永久的な生存は、絶対的に否定される。人類は、何の報いも償いもないままに、いつか必ず滅びる。したがって人類は「無意義」な存在である。

「大事な点は、この人類全体についていていうことのできる真理は、当然一人一人の人間に対しても結局は当てはまる、ということである。だから、たとえば個人としては〈安心＋希望〉の組合わせで人生を送っている（つもりの）多くの人々にとっても、究極的にはその〈安心〉は類としての無根拠の中に沈み込んでしまい、その〈希望〉は類としての無意義へと霧散してしまうのだ。（中略）結局以上のことを個人の立場から総括していい表せば、《人はそれぞれ根拠なく生まれ、意義なく死んでいく》のである。『人生は生きるに値しな

い』、これがわれわれの結論である」

そしてこのニヒリズムが、人間が宇宙に誕生し生存しそして死滅することの意味ないし価値をめぐってのニヒリズムであることから、それを〈宇宙論的ニヒリズム〉と呼びます。

いかがですか。なかなかシュールでしょう。《人はそれぞれ根拠なく生まれ、意義なく死んでいく》。これが宇宙論的な真理、だもんなぁ。

このニヒリズムは、〈掛けるゼロ〉のニヒリズムとも言われています。ノーベル平和賞を受賞するような人類の幸福に貢献した人の人生も、人を千人虐殺したような極悪犯人の人生も、結局最後は人類が滅ぶのだから、ゼロになる。何をやっても同じ、というわけで、人類は《何をするのも許されているが、何をやっても無駄な存在》であるというわけです。

では、この宇宙論的ニヒリズムにどう対処せよ、と言うのでしょうか。著者の渋谷さんは人間の生き方のさまざまなタイプを〈宇宙論的ニヒリズム〉に対する態度決定という観点から次のように分類しています。

A　反「良俗」的反抗

ア　世をすねる　シニカルに斜に構えて生きる

イ　悪魔主義　テロリストや破壊主義

ウ　刹那主義　瞬間的な快楽を追求する

B　逃避としての信仰

ア　ヒューマニズム　すべての中心に人間を据え、人間の絶対的尊厳を信じる

イ　宗教　すべてを意味づける絶対者を信じる

C　人生の全的否定

ア　哲学的自殺　人生は生きるに値しない、ゆえに死ぬ

イ　脱世　一切は無意味とあきらめ、達観して生きる

D　人生の全的肯定

ア　〈にもかかわらず〉生きる　人生は無意味という帰結に反抗して生きる

イ　〈だから〉生きる　すべての人生態度が肯定される

ここで一つ一つの説明はしません。ただ、最後の選択肢についてだけ一言。

人類も、地球も、そしてこの宇宙さえもいつしか跡形なく滅びるのだから、人生は無意味である、とする宇宙論的ニヒリズム。その論理的帰結は、《人はそれぞれ根拠なく生ま

れ、意義なく死んでいく》のであり、人間は《何をするのも許されているが、何をやっても無駄な存在》だ、ということでした。

この考えはしかし、決して特殊なものでもなければ、哲学的なひねくれた考えでもありません。先に学生の言葉を紹介した中にもあったように、「人生には意味も目的もない、と考えた方が、自由に、楽に生きていける」と考えている人は、決して少なくないのです。人生に意味も目的もないと考えれば、価値や規範の束縛から解放され、多様な生き方がそのままで認められ肯定される自由な感覚が生まれるからでしょう。人生に意味や目的がなければたしかに「何をやっても無駄」かもしれないが、同時に「何をやっても、どう生きても、許される」という感覚が生まれるのです。

この感覚は、私にもわかる気がします。先にも書いたように「人類はいつか、消えてなくなる。この地球も、宇宙さえも」ということを、はじめて実感として味わった時、何か圧倒的な空虚が襲ってきて、大きな解放感と共にカラカラと笑い始めてしまったからです。

「人生は無意味だ。〈だから〉生きる」という選択肢はこの感覚に通じます。

宮台真司の答え——生きることに意味もクソもない

次に、社会学者宮台真司さんの「答え」を紹介しましょう。一九九〇年代後半、宮台さんは、月刊誌『ダ・ヴィンチ』で「世紀末相談」という人生相談コーナーの連載を担当していました。そこからの引用です。

Q　宮台さんは「終わりなき日常を生きろ」って言うけど、夢や希望のない時代をそれでも生きろと言うのなら、いったい僕らは何のために生きればいいのですか？　生まれてきた意味なんてないじゃないですか。（YH・男・会社員・三十二歳）

A　男性会社員YHさん。おっしゃる通り、夢や希望のない時代、つまり「意味」を見つけることができない時代です。あなたが生まれてきた意味はありません。あなたが何かのために生まれてきたつもりでも、途中で梯子を外されて失楽園状態（笑）になることを、ここに私が証明しましょう。（中略）《何の為に生きればいいのですか》と問うYHさん。《何で生きなきゃいけないのよ》と問うKEさん。答えは自明でしょう。生きることに意味（何の為）もクソもないし、まして、生きなきゃいけない理由なんてない。生は端的に無意味です。「意味」から「強度」へ——。

いかがでしょう。ずいぶん、ザックリものを言いますよね。さすが宮台真司。かつて、私は『〈宮台真司〉をぶっとばせ！』（コスモス・ライブラリー）という本を仲間と共に出したことがあります。そのためか、よく「先生は、どうして宮台さんがそんなに嫌いなんですか」と聞かれました。

そんなことはありません。私は、宮台さんのよき支持者だと思っています。

そもそも、ある人の名前を掲げた本をわざわざ出版する、というのは、それが肯定的であろうと否定的であろうと、かなりの思い入れがないとできないことです。実際、かつて私はかなり熱心な宮台さんの読者でしたし、私の担当部分でも次のように書いていました。

「私は、数年前からの宮台のよき読者であると自認している。宮台の社会分析は見事である。私たちが漠然と感じていたことを、〝あぁそうだったのか。そんなふうになっていたのか〟と納得させてくれるところがある。とりわけ、私にとっては、〝終わらない日常〟という言葉はインパクトがあり、私たち現代人がなぜ生きる意欲を奪われてしまうのか、なぜむなしくなったり無気力になってしまうのかを解き明かしてくれるキー・コンセプトであるように思えた」

さらにその後、宮台さんが書いた『サイファ覚醒せよ！』（筑摩書房）を読んで感動し、私たちの学会（日本トランスパーソナル学会）にお招きしたこともあるのです。

ではなぜ、あの本を書いたかというと、宮台さんのもの言いが、ストレートで刺激的だからです。ハッキリものを言う方は、ものを考える際のきわめていい材料になりえます。思考の対立軸が明確になりやすいからです。そういう意味では、曖昧にしかものを言わないのは、何も言っていないのと同じだと私は思っています。

宮台さんの「答え」に戻りましょう。それは簡潔明瞭。「生きることに意味（何の為）もクソもないし、まして、生きなきゃいけない理由なんてない。生は端的に無意味」というものです。

そりゃないよ、と言いたくなる方もいるかもしれません。指針や拠り所を求める読者を見事に突き放した言い方です。

では、何がこうした考えのベースになっているのか。

彼が持ち出すのは、ニーチェをルーツとするポスト構造主義の概念です。

ニーチェの新しい読解から始まったポストモダンの哲学は、近代合理主義にもとづく啓蒙主義をことごとく批判します。「歴史の進歩」といった物語も解体され、残るのは、リビドー的な欲望という、それ自体、何の価値も持たない流れのみ。あるいは、リゾームのように、絶えず絡み合う差異の紛れだけ、ということになります。そこでは、意味や価値などというものは、絶えず脱構築される対象としてだけ存在するのです。

ここで重要なのは、先の引用の最後に出てくる、「意味」から「強度」へ、という言葉です。これもポスト構造主義の概念で、宮台さんが提唱する「まったりした生き方」を、「意味」を問うのではなく「強度」を享受する生き方のことだ、と説明したものです。

この頃の宮台さんは、さまざまな媒体で、おおよそ次のようなメッセージを発していました。「永久に輝きを失った世界」のなかで、「将来にわたって輝くことのありえない自分」を抱えながら、そこそこ腐らずに「まったりと」生きていくこと。そんなふうに生きられる知恵を身につけよ。そして、その「まったり」した生き方のモデルが、親や教師の前の自分と援助交際する自分とを、巧みにロールプレイしながら生きるブルセラ女子高生たちである。彼女らこそ、この匿名性社会を自在に泳ぐスキル、すなわち「終わらない日常」を生き抜く知恵を身につけた体現者なのである（『終わりなき日常を生きろ』筑摩書房）。

また、別のところで宮台さんは、もはや夢や目標を共有しておらず、未来のために現在を、社会のために自分を、犠牲にする必要のなくなったこの成熟社会に適応的に生きるためには、「今・ここ」の充実を目指すコンサマトリー（刹那的）な生き方が求められるのであり、そのためには、次のような道を歩む必要がある、と言います。
①「生きる意味」を求めるような生き方から離脱する「第一解脱」を経て、さらに②強

度を享受し濃密さ（＝セックス、ドラッグ、ダンス、トランスミュージックなどに代表されるような充実した快楽）を獲得できるようになる「第二解脱」をなしとげる必要がある。しかし今の若者は、「生きる意味」から離脱する「第一解脱」は比較的容易に達成しうるが、濃密さを獲得する「第二解脱」に挫折しやすい、と分析しています。

かつての時代にあった「生きる意味を求めて得られない」タイプの古典的苦悩にかわって、成熟社会においては「濃密さを求めて得られない」苦しみが新たな課題になるであろうと説くのです。

宮台さんのこの分析は、角度は違いますが、私の分析に通じるものがあります。特に深刻な悩みがあるわけではない。それなりに楽しく生きることはできている。けれど、その一方で、生きている「実感」がない。あぁ私は生きているんだ、と実感できる「手応え」がない。ただどこまでも果てしなく続く、同じような毎日。その中で、空虚感を募らせていく若者たちの心理を私は、「むなしさ」という観点から捉えたのです（拙著『〈むなしさ〉の心理学』講談社現代新書）。

この「むなしさ」克服の方向性を宮台さんは、セックス、ドラッグ、ダンス、トランスミュージックなどによって獲得できる「濃密さ」「強度」に求めます。

現代人の抱える空虚を克服しうるには、観念的な答え、「観念（物語）としての生きる意味」では不十分である。なぜならば、多くの人が抱える空虚感はより身体レベル、実感レベルの「欠落」であって、したがってそれを克服しうるには、やはり、観念ではなく、実感レベル、身体レベルの充実（濃さ）が必要だ——この点で、私と宮台さんの考えは、（言葉こそ違っても）そう異なるものではありません。

しかし、その「身体的な濃い実感」を得るのに、宮台さんはセックス、ドラッグ、ダンス、トランスミュージックなどの手段を推奨する。そこが私との違いです。

これらの強い刺激は「嗜癖《しへき》（中毒／依存症）」につながりやすく、さらに強い刺激、もっと強い刺激を、と求めているうちに、強い空虚感に再び襲われやすいからです。

もちろん私は、（ドラッグはともかく）セックスやトランスミュージック、ダンスによる「濃密さ」を否定するものではありません。セックスや音楽、ダンス、そして格闘技！による快感は、しばしば、身も心も溶ける「至高のもの」となりうるからです。しかしそうなりうるのは、それらが、人生の至る所で顔を見せている「見えない神秘」と繊細な感受性でつながるための通路（チャンネル）となりうる時のみだというのが私の考えです。

次に、宮台さんがその拠り所とするポスト構造主義の源流、ニーチェの「答え」を、（しかし少々異なる角度から）見ていきましょう。

ニーチェの答え——一切はただ永遠に、意味もなく回り続けている

これまでしばらく、ニヒリズム系の「答え」を見てきました。人生は無意味だ。個人の人生ばかりではない。人類の歴史を含む一切は無意味であり、結局何をやっても無駄だというニヒリズムの思想。いわばその親玉が、ニーチェです。

それは、現代思想の少なからずが、ニーチェの新しい読解から始まったからです。一切は無意味だ、とするニヒリズムの思想の多くはニーチェをその源流としています。「人生に意味はあるか」を考える本書にとっても、ニーチェは当然、重要な人物です。

さて、ニヒリズム思想の親分、などというと、ニーチェという人は、さぞかし暗い弱々しい人なのだろうとイメージされるかもしれません。

ところが、そうではないのです。ニーチェは、とてもパワフル。私など、ニーチェを読んでいると、グルン、グルンと音が聞こえてきそうです。

(1) 破壊者ニーチェ

ニーチェ思想の破壊的側面を、まずその「真理」批判の面から見てみましょう。

ニーチェは、「どこかに真理がある」という考えには根拠がない、と批判します。

どこかに絶対的な「真理」があり、その「真理」をつかもうとする——どこかに隠れた「真理」を想定するこうした考え(形而上学)をニーチェは批判したのです。

では、私たちが「真理」と呼んでいるものは、何なのか。

ニーチェは、「真理」一般を、「生にとっての有効性」という観点から批判します。ニーチェによれば「真理」とは、「特定の生物種がそれがなくては生存できなくなるような誤謬《ごびゅう》」（原佑訳『権力への意志』）である。つまりニーチェは、「真理」という考えの正体は、人間という生物が自らの生存の必要に迫られて捏造《ねつぞう》した「嘘」にすぎない、というわけです。あらゆる「真理」は人間が自らの都合によって作り出した「嘘」というわけです。ではなぜそんなものが必要になったのか。

ニーチェによればその原因は、みずからの存在に「意味」を求めてしまう人間の「弱さ」にあります。キリスト教の没落によって、人間は自らの存在の超越的な根拠を喪失してしまった。「お前は〜のために生きている」と自らの存在に絶対的な意味を与えてくれる超越者を、人間は永遠に失ってしまったのです。

しかし人間は、自分の存在が無意味であるという、その惨めな現実に耐えられない。この世の向こうに「真の世界」があればいいのに、という願望がどうしても生まれてきてしまう。そこでこの願望に応えた近代哲学がキリスト教に代わって人間に絶対的な意味を与えるためにつくりだした「嘘」が「真理」という観念であった、というわけです。「真理」なるものの正体は、弱者である人間が自分の惨めな現実を打ち消すために捏造した「偽」

であった、というのです。

では、キリスト教が没落しさえしなければよかったのかと言えば、そうではありません。ニーチェによれば、キリスト教そのものが人間の弱さ、惨めさのゆえにつくりあげられた「嘘の物語」です。

人間は生きる「意味」や「目的」さえ摑むことができれば、たいていの苦難には耐えていけます。けれどもそれを欠いては、辛いことばかりのこの人生を耐えることなどできはしません。人間は苦難そのものにでなく、その苦難に「意味がないこと」に苦しむ存在だからです。だから人生でいかんともし難いつらい出来事に直面した時、人はその苦難が何のためのものかと、その「意味」を問わずにいられない。こうした欲求から人間が作り出した「意味の物語」――それがキリスト教の正体だとニーチェは言うのです。言うまでもなく、「神のため」「あの世で永遠の生命を得るため」というのが、キリスト教が与えた「意味」でした。

ニーチェの言葉に有名な「神は死んだ」という言葉があります。しかし、ニーチェの考えは、「キリスト教の権威が崩壊したからニヒリズムに陥った」というものではありません。ニーチェが指摘したのはむしろ、キリスト教それ自体の本質が最初から、ルサンチマン（強者への恨み）とニヒリズム（虚無への意志）だったのであり、そしてこのキリスト教のニヒリズムが、その後のヨーロッパ思想の一切に引き継がれていった、ということです。したがってニーチェはほんとうは「神は最初から死んでいた」と言いたかったのです。

いずれにせよ、キリスト教の成立によって、人々は、人生の全体をキリスト教的な物語において理解しようとし始めました。その存在が罪深いものとなった代わりに、苦難に耐えうる「意味」が与えられたのです。しかし、「神のため」「あの世で永遠の生命を得るため」というキリスト教の物語は、現代の科学的世界観の前でその説得力を失い、自らの存在が無意味であることに直面しないではいられなくなった。けれども、弱き存在である人間は、それでもやはり、それに代わる「意味」をどこかに求めずにいられない。では、どうすればいいか。

自分の存在に「根拠」がないこと。人生にはもともと「意味」などないということ。それがあるように思えていたのは、実はそれを欲しないではいられない人間の「弱さ」のために捏造された虚にすぎなかったということ。まずこのことを率直に認めることから始めよう、とニーチェは言います。そしてこの世界の向こう側に「何か別の、ほんとうの世界」があると信じるのをやめようではないか、と。

自らの存在が無根拠かつ無意味であることを率直に認めよというニーチェの提案。これはしかし、ひどく実行困難な提案です。なぜなら、既に見たように人間は、この辛く苦しい人生を生きぬくために、「何のために」という問いへの答えが、つまり「生きる意味」が、どうしても必要になってくるからです。では、どうせよとニーチェは言うのか。

(2) 永劫回帰説

「永劫《えいごう》回帰」説は、この困難な提案を実行するための処方箋として提示されます。

「もしある日、もしくはある夜なり、デーモンが君の寂寥《せきりよう》きわまる孤独の果てまでひそかに後をつけ、こう君に告げたとしたら、どうだろう、――『お前が現に生き、また生きてきたこの人生を、いま一度、いなさらに無数度にわたって、お前は生きねばならぬだろう。そこに新たな何ものもなく、あらゆる苦痛とあらゆる快楽、あらゆる思想と嘆息、お前の人生の言いつくせぬ巨細のことども一切が、お前の身に回帰しなければならぬ。しかも何から何までことごとく同じ順序と脈絡にしたがって……』――これを耳にした時、君は地に身を投げ出して、歯ぎしりして、こう告げたデーモンを呪わないだろうか？……何事をするにつけてもかならず『お前は、このことを、いま一度、いな無数度にわたって、欲するか？』という問いが、最大の重しとなって君の行為にのしかかるであろう！」

(『悦ばしき知識』)

つまりここでニーチェは、人生や世界を次のようなものとしてイメージせよ、と言っています。この世界の向こう側に「ほんとうの世界」があるわけでもなければ、この時間の果てに「永遠の生命」が与えられるわけでもない。この世界にはそのような「目的」も「終わり」もない。一切はただ、永遠に、意味もなくぐるぐると回り続けている、と。

そしてその上で、ニーチェは私たちに次のような問いを突きつけてきます。

世界の一切はただ、永遠に、意味もなくぐるぐると回り続けている。目的も終わりもなく――このように世界をイメージし、それをあるがままに受けとめた上で、私たちはなお、それを肯定することができるだろうか。あなたは果たして、「さぁ何度でも」と自分の人生を引き受けることができるだろうか。

では、いったいどうやってそんなことが可能になるのでしょう。

たった一度でもいい、人生の中で心の底から震えるような「至福の瞬間」を味わうことができれば、たとえ一切が無意味なくり返しでしかなかったとしても、私たちはそのすべてを肯定することができるはずだ――これがニーチェの答えです。

「もし私たちがたった一つの瞬間に対してだけでも、イエス、と断言するなら、私たちはこのことで、私たち自身に対してのみならず、すべての生存に対して然りと断言したのである。(中略)私たちの魂がたった一回だけでも、絃のごとくに、幸福のあまりふるえて響きをたてるなら、このただ一つの生起を条件づけるためには、全永遠が必要であったのであり、――また全永遠は、私たちが、イエス、と断言するこのたった一つの瞬間において、認可され、救済され、是認され、肯定されていたのである」(『権力への意志』)
たとえ一切が惨めで辛いことばかりであったとしても、「あのことがあったから私は自分の人生をまるごと肯定できる」と断言できる「この上ない至福の瞬間」。その「たった一度の至福の瞬間」のために全永遠が必要だったのだと、ニーチェは言うのです。

至福の体験

ところで、ニーチェにとってこの「たった一度の至福の瞬間」とは何だったのでしょうか。幼少の頃から神童扱いされ、二十四歳の若さでバーゼル大学教授に就任しながら、三十五歳で病気のために退職。以降、恩給だけをたよりに孤独な文筆活動を続けた末に、十年間の闘病生活を送った後、五十五歳でその生涯の幕を閉じたニーチェの人生。それは一見、決して幸福な人生とは思えません。

そのような自分の人生を、それがあったからこそ肯定できるとニーチェに言わしめた、その「至福の体験」とはいったい何だったのか。

竹田青嗣さんは、ここに、よく知られたルー・ザロメとの恋愛体験が深く影を落としている、と考えます(『ニーチェ入門』ちくま新書)。鋭い感受性と優れた知性に恵まれた女性ザロメ。ニーチェのこの恋愛は言わば片思いであったばかりか、友人のパウル・レーや妹のエリザベトもからんで事態がもつれ、ニーチェは幾度か自殺さえはかっています。

しかしニーチェはある日、ザロメと二人だけでモンテ・サクロの丘に母親を待たしたまま、長い散歩をおこないます。ザロメへの手紙の中でニーチェは、この時のことについて、「私の生涯の中で最も恍惚とした夢をもった」時間であったと記しているというのです。

何だ恋愛か、と拍子抜けした方もおられるでしょう。ニーチェと言えば「神の死」とか「永劫回帰」とか、ハードボイルドな思想家のイメージが強いからです。

しかし私には、よくわかる気がします。

それさえ手に入るなら、他のすべてを失ってもかまわない。けれどもそれがなければ、すべてが意味を失ってしまう。そうした「至高のもの」を求めないではいられない本性が、人間には備わっています。そして、絶対的な恋愛体験ほど、私たちにこのことを告げ知らせてくれるものはほかにないように思えるのです。

さて、これまで「人生の意味の問題」についての哲学の答え――特にニヒリズムのそれ――をたどってきました。

そこでは無を無として突きつめる、ニヒリズムをニヒリズムとして徹底させるという方向がとられてきました。西欧ではニーチェが、そして、ここではとり上げられませんでしたが、日本では禅をベースとした京都学派の宗教哲学者、西谷啓治がこのタイプの思想家の代表格と言えるでしょう。

ニーチェは先に見たように、世界には何の「目的」も「終わり」もない、一切はただ永遠に意味もなくぐるぐると回帰し続けているのだ、という世界イメージを提示しました（永劫回帰説）。一方、西谷は、禅的な視点から「我々自身が無になりきる」立場、「虚無のリアリゼーション」の立場を説き、さらにそのような「有の否定としての虚無をも否定した立場」としての「空」を説きました（『宗教とは何か』創文社）。

いずれも、ニヒリズムをニヒリズムとして徹底することで、すべてが肯定される地平へとそれ自らを突破する、という方向性を持った思想です。

ただ、どちらがより徹底した思考か、という点で言えば、私は、「無に徹する」「無になりきる」という点で、京都学派の西谷に軍配があがると思います。「永劫回帰」説も——たとえその意図が、時間の延長上にゴールとしての「人生の目的」を設定することの無意味を自覚させる理論的装置たらんとすることにあったとしても——新たな「物語」としての色合いを持たないではいられないからです。

第5章　スピリチュアリティの答え

第三の道

「人生の意味の問題」に関して、まず「宗教や文学」の答え、次に「哲学」の答えを見てきました。しかし、いかがでしょう。いずれかの答えでじゅうぶん満足できた、という方はどれくらいいるでしょうか。

まず、「哲学」の答えについてはこう思われる方が少なくないでしょう。

人生には意味はない。いずれ人類ばかりか、この地球、宇宙さえ跡形もなく消えていくのだから、意味などあるはずがない。ただその無意味さに耐えて生きていけ。哲学はそう言うが、それができていれば最初から苦労はしない。しかし、そこであきらめられないから、こうやって人生の意味を探し求めているのではないか、と。

一方、「宗教」の答えについては、こう思われる方がいることでしょう。

たとえそれがどんなに凄い修行を積んだえらい人の考えだとしても、ほかの人が考え出した「答え」をそのまま信じるわけにはいかない。それが絶対に正しいという根拠もないのに、ほかの人の「答え」を信じて生きるなんて、私には、とてもできはしない。それができないから苦しんでいるのではないか。

いやその前に、この世界には、さまざまな宗教がある。そしてどうやら、どの宗教も、自分のところが一番ほんものだ、と言っているようだ。そのなかで、いったいどの宗教を選べばいいか。その基準を自分は持ち合わせていない。いったい、どうすればいいのだ、と。

このように、「宗教」を信じることはできないけれど、一方で、「哲学」の合理性だけでも満足できない。そのような人は宗教でも哲学でもない「第三の道」を模索し始めます。その「第三の道」がこれからとりあげる「スピリチュアリティ」の道です。

スピリチュアリティという言葉には、まだなじみのない方が多いでしょうから、少し説明が必要でしょう。

スピリチュアリティとは、何でしょうか。最近、ちょっと耳にしたことはあったけど、なんだか怪しそうで敬遠していた、という方もおられるでしょう。

一般には、精神性とか霊性と訳される言葉ですが、なぜ、スピリチュアリティが求められるのか。宗教とはどこが違うのか。まずこの点を説明しておきたいと思います。

私たち現代人の多くは、心の内に、次のような言葉にならない問いを抱えています。

宗教、特に組織宗教に足を運ぶのは、どこか抵抗がある。

たとえば仏教にも、個人で頑張っているお坊さんもたしかにいるのだろうけれど、多くはどれも葬式仏教に成り下がっている感じで、私たちの内面に生きる力を与えてくれるもののようには思えない。

新興宗教はどこかいかがわしそうだし、いったん足を踏み入れてしまうと、何だかたいへんなことになりそうな気がする。カルトとそうでないものの識別も難しそうだし……。

とにかく、「宗教」はアブナイ。かかわりあいにならないほうがよさそうだ。

でもその一方で、私の内面はどこか深いところで、どうしようもなく枯渇してしまっている。私の内奥で、魂が泣き叫んでいる。

このような「魂の叫び」から、現代人は、「宗教に代わる新たな何か」を捜し求め続けてきました。私たちに、生きる意味と目的とを納得のいく形で感じさせてくれる、宗教ではない何か。形式張らず、不自由でなく、もっと柔軟で、でもとても奥深い、こころの道を指し示してくれる何かを。

そこで今、宗教に代わる新たな選択肢として私たちの前に差し出されているのが、スピリチュアリティなのです。

スピリチュアル・レボリューション

『スピリチュアル・レボリューション――ポストモダンの八聖道』(デーヴィッド・N・エルキンス著、大野純一訳、コスモス・ライブラリー)では、「宗教からスピリチュアリティへ」という変化は、西洋における宗教革命以来の最大の出来事のひとつだと指摘しています。

たとえば、ある若者は次のように語ったと言います。

「私はスピリチュアリティ——スピリチュアルな人間であること——にはとても関心があります。けれど、宗教にはまったく関心がないんです。あなた流に言えば、多分私は、スピリチュアルではあるけれど、しかし宗教的ではない、ということになるのでしょう」

この言葉に端的に示されるように、今アメリカでは何百万もの人々が伝統的宗教から離れつつあります。宗教的ではなくスピリチュアルである道があること。教会や寺院に通うことなしに自分の魂を養うことができること。このことに目覚めつつあるのです。

多くの人たちが、霊性、魂、聖なるものといった、従来は宗教的な概念とされてきたものを、今は、宗教ではない別の文脈で語り始めています。

特に、アメリカに限ってみれば、スピリチュアル・レボリューションは、一九六〇年代以降、次の「三つの波」によって推し進められてきたと見られています。

①一九六〇年代のヒューマン・ポテンシャル・ムーブメント（潜在的可能性の解放運動）

アメリカ西海岸のビッグ・サーにあるエサレン研究所を中心に、多くの人がセラピーやワークショップに参加し始めました。一九七八年におこなわれたギャラップ世論調査によると、実に、一千万人ものアメリカ人が東洋の諸宗教に救いを求め、九百万人が何らかのスピリチュアルな癒し（ヒーリング）に熱中したといわれています。

②一九八〇年代のニューエイジ・ムーブメント

今、この時代こそ、宇宙と人間の進化の転換期、ターニングポイントであり、私たち人間が世界規模で根源的な精神的変革をとげて「まったく新しい時代」ニューエイジに突入しようとしている、とする運動。雑誌『ニューエイジ・ジャーナル』が特にインテリ層を中心とした何十万もの読者を獲得し、何百万ものアメリカ人が、生まれ変わり、前世療法、チャネリング、スピリチュアル・ヒーリングに熱中し、シャーリー・マクレーンを始めとするスターから有名政治家までが、みずからの熱狂ぶりを告白していきました。

③一九九〇年代の「魂ブーム」

トーマス・ムーアの『魂へのケア』『ソウルメイト』、ジェイムズ・ヒルマンの『魂のコード』などの著作が反響を呼びました。これらの本はしっかりした内容を持っていますが、次第に「ソウル」という言葉が一人歩きし始め、霊の話から親しい友人関係の話に至るまで、あらゆる文脈で魂（ソウル）という言葉が使われるようになっていきました。

この三つの波によって、アメリカにおけるスピリチュアリティへの非宗教的なアプローチを求める運動は推し進められていったのです。

日本でも今、アメリカほどではないにしても、スピリチュアル・レボリューションが静かに進行しつつあるように感じます。ただ、日本の現状を率直に申し上げると、スピリチュアリティの世界はまったくの玉石混交。とんでもなく怪しいものも、少なくありません。

国際的には、スピリチュアリティという言葉は、WHO（世界保健機関）における「健康」の定義の一次元をなすものとしても使われ始めている、かなり公式的な言葉です。

しかし日本では、スピリチュアリティという看板のもとに、「精神世界」「サイキック」「霊能」「霊感」といった類のものから、「ホリスティック」「トランスパーソナル」「インテグラル」といったより学術的な色彩の強い知的な抑制の利いた類の領域まで、すべてが含みこまれてしまっているのです。

これから紹介するさまざまな「答え」にも、「玉」やら「石」やらさまざまなものが入り混じっています。どれが「玉」でどれが「石」か。どうぞご自分で微妙な違いを味わいながら、読み進めていっていただきたいと思います。

「生まれ変わり説」における「人生の意味」

今の日本で、スピリチュアルな観点から「生きる意味」の問題を考えるとき、「生まれ変わり」＝輪廻転生の問題を避けて通ることはできないでしょう。

学生たちに、「人生の意味」を考えてもらうと、「生まれ変わり」の観点から「たましいの成長のために生きる」と答える学生は少なくありません。さまざまな機会に、学生たちに「生まれ変わり」はあると思いますか、とたずねると、多い場合では過半数、少ないときでも二、三割の学生が「生まれ変わりはある」と答えます。

では、「生まれ変わり」を前提とすると、人生の意味は、どのように見えてくるでしょうか。

もちろん、「生まれ変わり」があるかどうかは、本当のところ、誰にもわからないと思います。それは、人間の認識能力の限界を超えた出来事であるからです。

しかしもし、「生まれ変わり」はある、と考えたならば、どうなるか。そのことをしばらく考えてみたいのです。

カウンセリングの中で、時折、「生まれ変わり」や「前世」「死後生」のことについて、語り始める方がいます。若者たちばかりではありません。大人も含めて、日本人の少なからずが、ふとした瞬間にこうもらします。

「私とあなたは、きっと、前世でも出会っていたはずです」

いきなりこう言われて、しかも相手が嫌な人だったりすると、「それだけは勘弁」などと内心思いながら、「ええ、まぁ」などと生返事をすることになります。しかしこんな言葉が、それにぴったりの相手とぴったりの文脈で使われると、やはり相当の説得力を持つことは、たしかです。「あぁ、この人とは、切っても切れないご縁にあるのだなぁ」と、個人の意思を超えた「ご縁」の存在をしみじみ感じることになるのです。

このように、老若男女を問わず、日本人の多くが「前世」や「生まれ変わり」の存在を、決してつきつめることなく、曖昧な形であれ「信じて」います。

では、「前世」や「生まれ変わり」を信じる、とは、どういうことか。

それはつまり、「人は死んでも、完全には死なない」と信じている、ということです。

死んでも、完全には死なない。死んでも、私の何かがこの世に残って、存在し続ける。だから死んでも、完全に消滅するわけではないのだ、という感覚。そんな感覚を日本人の多くは信じていて、これが実は、良くも悪しくも、日本人の生き方に大きな影響を与えていると思います。

良い点は、何といっても、楽天的なことです。

私は日本人の多く、特に四十代後半以上の方の多くは、いい意味でとてもいい加減、けっして物事をつきつめたりせず、楽天的に生きておられる方が実に多い、と感じています。

よく、仏教の伝播《でんぱ》の過程において、中国では「憂き世」として、人生のはかなさがとらえられていたのに対して、日本では「浮き世」となり、現世肯定的な観念に変容していった、と言われます。たしかにそうだろう、と思います。

日本のおじさんもおばさんも、いい加減。ふわふわと浮き世を生きていて、実存的な決意などというものを感じる方は、ほとんどいません。

それもそのはず、日本人の多くはどこかで、「よくわからないけど、死んでも、完全に消え去るわけではない。よくはわからないけど」といった感覚を持っているのです。

私は、十四歳の時、「私は死んで、永遠にこの世界から消えてしまう。たった一度きりのこの人生。だとすれば、何が何でも、〃ほんとうの生き方〃を探し求めていこう」と決意しました。それはほんとうに、いのちがけの決意でした。

「生の一回性の自覚」が、私を、実存的な決意へと導いたのです。

もし私があの時、「死んでも、完全には死なない」などと思っていたら、どうでしょう。とてもあれほど——恋も、勉学も、青春のすべてを犠牲にしてでも——いのちがけで自分の生き方を探究する、などといったことはできなかったでしょう。

私がいのちがけで、「ほんとうの生き方」を追い求めたのは、人生が「たった一度きりのチャンス」で、それは二度と戻ってこない、と思ったからでした。

人生は「たった一度きり」で、「二度と戻ってこない」。だからこそ、「ほんとうの生き方」が見つからなければ、もう死んでしまおう、と決意した。そして、まさにいのちがけで「ほんとうの生き方」を求め続けたのです。

しかし、どうでしょう。「死んでも、完全には死なない」とか、ましてや「一回死んでも、またこの世に戻ってくる」と思っていたなら、あれほど真剣に自分の生き方を問うことができたでしょうか。できなかった、と思います。

「生まれ変わり」を信じることに、このように、実存的な決意を鈍らせる面があることは否定できません。しかし「生まれ変わり」を信じることで、人生を深刻に考えることなく楽天的に生きることができたり、絶望して死の淵に立たされた人が救われたりすることがあるのもたしかです。だからこそ、多くの宗教に「生まれ変わり」説がさまざまな形で取り入れられているのです。

飯田史彦の答え——人生の目的は「自分で計画した問題集を解く」こと

九〇年代半ばから、「生まれ変わり説」を現代人に受け入れられやすい形で提示して、多くの人に生きる希望を与えてきた方に、『生きがいの創造』（PHP研究所）の著者、飯田史彦さんがいます。

私は、トランスパーソナル心理学という、通常の心理学とは違って人間の世界を超えた

「見えない次元」をも扱う心理学を専門としていますから、よく、飯田さんの読者の方から、「諸富先生は、きっと、飯田先生と仲がいいんでしょうね」とたずねられたりします。

しかし、私はカウンセリング心理学が専門、飯田さんは経営学が専門。実は、まったく面識がありません。しかし、飯田さんの著書からは、彼の真面目さがとてもよく伝わってくる感じがします。

飯田さんの「生まれ変わり説」の中心をなすのは、「肉体をもって物質界に生まれる私たちの人生」の「最終目的」は「修行」であり、「自分で計画した問題集を解く」ことにある、というものです。

前世の自分が現世の自分を決定し、現世の自分の生きざまが来世の自分をあらしめる。たとえば、前世で愛することを学ばなかった者は、愛することを学ぶために、この世に生まれてきた。そして、現世で残した課題を解くために、来世が与えられる。

このように、人生の目的は「自分で計画した問題集を解く」こと、そしてそれによる魂の修行にある、というのが、飯田「生まれ変わり説」の基本的な考えです。

人間関係をもっと学ぶ必要がある時、そのために私たちはこの世に戻ってこなくてはならない。私たちが何度も生まれ変わり、肉体をまとってこの世に生まれてくるのは、人間関係という試練を経験し、愛の水準を高めるという「修行」のためである。

このように、飯田さんを始めとする「生まれ変わり説」では考えるのですが、この「生まれ変わり説」は、人生に絶望しかけた人のうち、あるタイプの人には、とても大きな生きる活力を与えます。その効果は「人間関係の悩みに苦しんでいらっしゃる方も、『死後の生命』や『生まれ変わり』のしくみを知ることによって、新たな視点から関係を見直すことができ」ることによってもたらされるものです。

「生まれ変わり説」によって生きる勇気を得た方の言葉を、『生きがいの創造』から紹介しましょう。

まずは、三十歳の会社員の方の言葉。「人はとかく、不幸や逆境に遭遇したとき、あるいは仕事がうまくいかなかったとき、その原因を他人や環境や会社のせいにすることがしばしばあると思います。しかし、先生の論文にあるように『自分の人生は自分で計画したもの』とか『人生は修行の場』という真実を知ったとき、すべての行為の責任は、実は自分にあるということが分かり、時に人を責めることもあった自分を反省させられました。さらに、たとえ人生で失敗することがあっても、これで自分の魂がさらに高まっているのだと思うと、失敗は失敗ではなく、失敗は『魂の肥やし』なのだとさえ思えてきます」。

人生がうまくいかない時、私たちはとかく、他人や環境を責めがちです。「あの人のせいで私はこうなったのだ」と、他者を責めることで、問題を片づけがちです。そしてその結果、本人はますますイライラが募り、不幸になっていくのです。こうした人に「生まれ変わり説」は、いま自分が置かれている境遇を「すべては自分の修行のため」であり「魂の肥やし」である、という「新たな視点から見直す」ためのきっかけを与えてくれるのです。

次は、飯田さんの授業を受けた学生の言葉のようです。

「私は今まで、なんてちっぽけなことで、いつまでも悩んでいたのだろうか……。今日の授業で、私たち人間がこの世に生まれてきたのは、人間に愛を運ぶため、つまり『人間関係』を学ぶためだった、という事実を知り、私の視野や考えは大きく変わった。

私は最近、落ち込んでしまうことが度重なっていて、『自分は何のために生きているのか』とか、『どうして私だけがこんなに不幸なんだろう』など、結論の出ない、まっくらな世界に自分を置いていた。何をやってもうまくいかない、面白くない、出口のないトンネルをずっとさまよっていた。

しかし、この授業のおかげで、私は目が覚めたような気がする。今までの悩みや苦しみは、ただ、自分の思いどおりにならないので、いじけていただけであった。彼と別れたこと、就職活動がうまくいかないことなど、これら単なる不幸だと思っていたことが、実は自分で自分に与えた試練であると理解すると、うそのように気持ちが晴々としてきて、悪いことのように思えたことも、『これでいいのだ』という気がしてくる。目先の私欲にばかり目を奪われるのではなく、私は前世で反省すべきことを改善するために、勉強するために生まれてきたのだと思うと、これからの将来が、とても楽しみなものになってくる」

この世で経験しているすべての苦しみは、前世で残した課題。その課題を克服し、魂が成長するために、私たちはこの世に生まれてきた。そして、この世での生き方次第で、来世が決まる。このような「新しい視点」を獲得することで、他人を責め、運命を呪っていた人が、みずからを反省し前向きに生きていくことができるようになるのです。

この「生まれ変わり説」に立てば、人生とは、前世から現世、そして来世へと続く輪廻の中で、みずからの課題を克服し学んでいく機会となります。私の友人の宗教学者、甲田烈さんは飯田「生まれ変わり説」を「人生学校説」と形容しています。

飯田さんの本に漂う、きまじめさにピッタリな表現だと思いました。

キューブラ・ロスの答え――与えられた宿題をすませたら、からだをぬぎ捨ててもいい

幾多の死を看取った体験をまとめた世界的ベストセラー『死ぬ瞬間』(中公文庫)の著者として、ターミナルケアやサナトロジーのパイオニア的存在として、あまりにも著名なエ

リザベス・キューブラ・ロス。二〇〇四年に亡くなった彼女の死をどれほど多くの人が悲しんだでしょうか。もちろん私もその一人です。そして、このロスの考えも、やはり先の「生まれ変わり説」と同形のものでした。

ロスが多くの人の死を看取る中で経験したのは、「私の死」という冷酷な運命に直面し、どんなに怒り狂っていた患者も、臨終の際には、静かなリラックスした瞬間を迎えるということでした。そんな様子を目の当たりにして、「いのちは、どんなかたちで去っていくのか」「そして、そんな場所があるとしての話だが、いのちはどこへいってしまったのか？　人は死ぬ瞬間に、どんな経験をしたのか？」と自問し始めた彼女が、その問いに答えようとして思い浮かべたのが、「さなぎ＝現実の身体」「蝶＝魂」という比喩です。

死を目前に控えた子どもにロスは、次のような手紙を差し出しています。

「地球に生まれてきて、あたえられた宿題をぜんぶすませたら、もう、からだをぬぎ捨ててもいいのよ。からだは、そこから蝶が飛び立つさなぎみたいに、たましいをつつんでいる殻なの。

ときがきたら、からだを手放してもいいわ。そしたら、痛さからも、怖さや心配からも自由になるの。神さまのお家に帰っていく、とてもきれいな蝶のように自由に」（上野圭一訳『人生は廻る輪のように』角川書店、冒頭の「がんの子どもへの手紙から」）

私たちのこの身体は、蝶のさなぎのようなもの。そして、そのさなぎがもう修理できないくらいに壊れてしまうと、蝶を解き放つ。それは、さなぎの中にいることよりずっと素晴らしいことだ、とロスは言うのです。いかがでしょう。あまりにも美しい死のイメージではないでしょうか。

死の看取りの経験を重ねるうちに、もともと、死後の世界など信じていなかったロスは、次のような結論を持つに至ります。

「従来の意味での死は、存在していない」

「死はこの形態のいのちからの、痛みも悩みもない別の存在形態への移行にすぎない」

「学ぶために地球に送られてきたわたしたちが、学びのテストに合格したとき、卒業がゆるされる。未来の蝶をつつんでいるさなぎのように、たましいを閉じこめている肉体をぬぎ捨てることがゆるされ、ときがくると、わたしたちはたましいを解き放つ。そうなったら、痛みも、恐れも、心配もなくなり……美しい蝶のように自由に飛翔して、神の家に帰っていく」

愛する人との別れ、不治の病、子どもの病死や重い障害など……死んでしまいたくなるほどつらいそんな時こそ、実は私たちにとってこの上ない「学び」のチャンスである。私たちはそのチャンスを生かせるかどうか、苦しみを成長の機会に転じうるかどうかを「試されている」。そして、その試練に合格したなら、たましいは肉体の束縛から離れて、自由に旅立っていくことができる。ロスはそう言うのです。

『チベット死者の書』の答え——死の瞬間、光に向かって進め

「生まれ変わり」や「バルド（中間生）」のことを考える時、欠かすことができないのが、『チベット死者の書』です。

チベットでは宗派にかかわらず、臨終の人の枕元でラマ僧が『死者の書』を説き伝えていきます。日本では考えられないことですが、死の瞬間に、近親者は遠ざけられ、僧だけがそばにいて『死者の書』を読むのです。

なぜか。「この世での執着を断つために」です。

『死者の書』には、人がバルドで出会うさまざまな体験やイメージ、ビジョン、それへの対処の仕方が示されています。『死者の書』の内容と、臨死体験者の生還後の報告とに共通点が多いことなどから注目され、日本ではNHKスペシャルで取り上げられてから、関心が集まるようになってきました。

『死者の書』で最重要視されているのは、バルドで出会う「強烈な光」の体験です。死にゆく人の呼吸がまさにとまろうとするとき、こう告げよ、というのです。

「ああ　善き人（死におもむく者の名前が呼ばれる）よ。今や汝にとって存在の本性を求める時がやってきた。汝の呼吸はまさに止まろうとしている。汝のグルはクリヤー・ライト（光明）とともに汝の前に座っている。

すべての事柄は全《まった》き空《くう》で、雲のない天空のようである。裸の汚れない知性は、中間状態での存在の本性である中心のない透明な全き空を経験しようとしている。

この時に、汝は汝自身で本性を知らなければならない。そしてその状態に留まるべきである。私もまた、今、汝と共に導きをなすであろう」（おおえまさのり訳、講談社＋α文庫）

呼吸のとまってしまう以前から、この導きの言葉を、死にゆく者の耳元で何度もくり返し読むべきだ、というのです。これでわかるように、チベットでは、死ぬ瞬間こそ、「悟り」を得るための絶好の機会だととらえられているのです。

死ぬ瞬間、人は、ものすごい強烈な光（クリヤー・ライト）と共に弱い光とも出会います。ここで死者が強烈な光と一体になり、それと融合することに成功すると、「自分の本性」である「全き空」を経験できる。すると、輪廻から解放され、解脱することができるが、それができなければ、人間や犬、馬などのさまざまな動物に生まれ変わって、再びこの世で生きることになる。ここで、できれば本人が解脱できるように、そうでなくとも動物ではなく人間に生まれ変わることができるように、僧は四十九日にわたって『死者の書』を伝え続けるのです。

ではなぜ、四十九日か。それは、釈迦が六年間の修行の末に、菩提樹のもとで瞑想すること四十九日にして、おおいなる悟りを開き、目覚めた意識を持って新しく生まれ変わった、とされているからです。つまり釈迦の四十九日間の瞑想修行と、死に行く人の「あの世」での四十九日間の魂の旅とが重ね合わせて考えられているのです。

『死者の書』そのものについては、より専門的な書物を読んでいただくことにして、ここでは、私の専門のトランスパーソナル心理学の代表的な理論家であるケン・ウイルバーが、チベットの死の体系のエッセンスをどう捉えているかを紹介したいと思います（伊東宏太郎訳『グレース&グリット（下）』春秋社）。

ウイルバーによれば、チベットの死の体系においてとりわけ重視されるのは、「死の瞬間に目覚めた意識があるか否か」です。死にゆく人の魂がどこへ行くのか、それを決するのは、死の瞬間にその人が悟っているかどうかだ、と考えられているのです。

死の瞬間には、より高次の意識が一瞬、立ち現れます。死の瞬間に、この高次の霊的な次元を認識することができれば、ただちに悟りを得ることができます。この粗大な肉体の中に包まれた日常においてよりも、はるかに容易に悟りを得ることができるのです。

しかしそのためには、やはり特別な準備、意識の訓練が必要です。

またそこでは、人間の意識には大きく分けて三つのレベルがあると考えられています。

①粗大のレベル（身体的な感覚や知覚のレベル）
②微細のレベル（ソウルのレベル）
③元因のレベル（スピリットのレベル）

『チベット死者の書』にしたがえば、死のプロセスにおいて、この三つのレベルで次のような変化が生じるとウイルバーは言います。

まず、死の直前には、低次のレベル、すなわち①粗大レベルの身体的な感覚や知覚などが、消滅していきます。次に、身体的な死が実際に訪れ機能が停止すると、そこで②魂にかかわるようなより深い、精妙な体験が現れてきます。臨死体験者の多くが報告するのと同じように、トンネルや門、橋、山の小道、きれいな河などを通っていくような、イメージ豊かな体験が現れてくるのです。③そして最後に、あらゆるレベルが消滅して、純粋な元因レベルのスピリットが、死にゆく者に一瞬、光を放ちます。まぶしいばかりの強烈なエネルギーが注がれるのです。

ウイルバーによれば最も重要なことは、この③の段階でまぶしい光のスピリットを自分の真の本性だと認識できるかどうかです。そこで、そうした認識を得ることができれば、即座に悟りが得られ、神性へと永遠に帰っていくことができますが、この認識が即座に得られない場合には、人はバルド(中間生)に入り込みます。この状態は数ヵ月続き、そこで微細なレベルのからだをまとい始め、最後には粗大レベルの身体が現れて、この世での肉体をまとった生活のために生まれ変わります。そして生まれ変わった人間の魂は、特定のものではないけれど、前世での徳や知識を携えている、と考えられています。

ウイルバーはこう言います。

「転生やバルド、あるいは死後の状態についてどう考えようと、このことだけははっきりしている。すなわち、あなたがほんのわずかでも、自分の中に神聖なるものの性質を帯びた部分がある、つまり、限りある肉体を越えた存在である〈スピリット〉にどこかでつながっていると信じているのなら、死の瞬間が重要になるということである。なぜなら、肉体が滅びた後も、もし何かが残っているとしたら、死の瞬間こそが、それを見つけだす時だからである。ちがうだろうか?

もちろん、臨死体験やその研究も、こうした主張を裏づけているようだ。しかし、ぼくが強調したいのは、ただこの死と消滅のプロセス全体を正確にリハーサルする特別な瞑想の訓練があるということ」

つまりウイルバーは、こう言うのです。あなたが「生まれ変わり」があると信じようと信じまいと、ぼんやりとでも、「死後も、肉体を超えた何かが残る」と考えているならば、「死の瞬間」のために意識の訓練をおこなっておいたほうがいい、と。

ウイルバーはかつて、最愛の妻トレヤを癌で亡くしています。その折、実際に、この「特別な瞑想の訓練」による「死と消滅のプロセス全体のリハーサル」に取り組んでいます。それは、トレヤ自身が十三歳の時におこなっていた瞑想中に自然発生的に起こった体験をもとにしたもので、死に際しては自分が溶けて、全宇宙のすべての原子や分子と完全に混じり合いひとつになる、というものです（『グレース&グリット（下）』）。

いよいよ、妻のトレヤがこの世から旅立つ時、ウイルバーは次のように語りかけています。「光に向かって進むんだ、トレヤ。五芒星《ごぼうせい》を探すんだよ、まぶしく光輝く、自由の星だ。光をつかむんだ。ただ光だけつかんで、ぼくたちを手放すんだ。光をつかむんだ」。

それにしても、私たち日本人は身近な人の死の瞬間、これとはまったく逆のことをやってきはしなかったでしょうか。「お父さん！」「あなた！」と死にゆく人に訴える。これは『死者の書』から見れば、この世への未練と執着をかきたてる、とんでもない行為です。

死の瞬間、光に向かって進んでいく。最もまぶしく輝く光に向かってひたすらに！

そのためには、日常の瞑想とトレーニングが必要とされるのです。

「死後の世界」は実在するか

これまで、「生まれ変わり」について、飯田史彦説、キューブラ・ロス説、『チベット死者の書』説を見てきました。

こうした諸説が注目される一因として、臨死体験の報告や前世療法での事例報告があります。臨死体験者の多くが三途《さんず》の川を渡ったり、花畑を見たり、強烈な白い光に包まれたりと、その体験に驚くほど多くの共通点があることは、よく知られています。

前世療法の報告で最も有名なのは、ブライアン・ワイスの『前世療法』（ＰＨＰ文庫）でしょう。小さな子どもが、遠く離れた国における自分の前世を語りだし、証言がぴったり一致したりといった、リアリティのある興味深い事例がいくつも報告されています。

生まれてこの方ずっとのどが詰まって息ができないという症状に悩まされていたある女性が、前世療法を受けて、四百年前に村を襲った洪水に流され自分が抱きしめていた赤ん坊も奪い取られてしまうという恐ろしい前世を思い出すことで、その症状がスッと消えた、という報告もあります。異なる言語圏での前世を思い出した子どもが、知るはずもないその言語を突然語り始めた、といった興味深い報告もなされています。

私も、四歳のお子さんが突然、知るはずもない『般若心経』を唱え始めて戸惑った、というお母さんから話をうかがったことがあります。

そんなわけで、私も米国滞在中にワイスのワークショップに参加しました。残念ながら、私自身はリアルな過去生を思い出すことはできませんでしたが、ワークショップ全体の雰囲気は決して教条主義的ではなく、参加者個々の体験に任せる感じがあり、ワイス自身も最後に「自分の体験だけを信じてください」と語るなど、誠実な印象を受けました。

では、前世や生まれ変わりは、実際、あるのでしょうか、ないのでしょうか。

こうした報告から、魂や霊の実在を認めて、「死ぬと、魂が肉体を離れて霊的な世界に入っていく」「私たちの肉体は滅んでも、私たちの霊魂は死後も存続する」と信じていいのでしょうか。それとも逆に、そうした体験はいずれも、極限状態に追い込まれた人の脳内の生化学的な異常により生まれる何らかの「幻覚」であり「妄想」であるとみなすべきなのでしょうか。

そのいずれでもない、とトランスパーソナル心理学では考えます。

まず、「死後の世界説＝霊魂実在説」に対しては、次のように考えることができます。

臨死体験にはたしかに、「暗いトンネルの通過」「体外離脱」「他者との出会い」「光との出会い」「人生のパノラマ的回顧」といった共通点があります。しかし、臨死体験はあくまで臨死体験、すなわち、「死にゆく瞬間の体験」であって、「死そのもの」でもなければば、ましてや「死後の体験」でもありません。

私たちは、生きている限り、死そのものも、死後のことも、体験することは絶対にできません。それが、生きている、ということの条件なのです。したがって私たちは、「生まれ変わり」を含めて、死後のことはわからない。この一線は、どうしても越えることはできないし、越えてはいけない、と思うのです。臨死体験を「死後の世界をかいま見た体験」と同定するのは、あまりに大きな論理的飛躍です。

では、「脳内現象説」のほうは、どうでしょうか。

脳内の異常による主観的な幻覚、妄想にすぎない、と退けるには、あまりにリアリティがありすぎると思います。また、多くの人が共通の体験をし、『チベット死者の書』のような古典があり、多くの人がそれを生きる支えとしている、という「打ち消しがたい説得力」を無視することもできません。

トランスパーソナル心理学の方法論は、現象学です。

現象学では、あの世の実在か単なる妄想か、という粗い二元論に立った議論そのものが、臨死体験などの特殊な体験の本質を見誤らせると考えます。

現象学というフィルターを通せば、臨死体験についての問いの立て方が、こう変わるはずです。つまり、「死後の世界か妄想か」という問いから、「臨死体験におけるさまざまな現象は、私たちにとっていかなる本質的な意味を持っているのか」と。

そして、臨死体験などをある特定の意識状態（変性意識状態）におけるリアルな現実と認めていくのです。

変性意識状態（オルタード・ステイツ・オブ・コンシャスネス）とは何か。それはたとえば、夜見る夢や、宗教的な覚醒体験や宇宙や大自然との合一といった日常とは異なる意識体験のことです。神秘体験や臨死体験をはじめ、体外離脱体験、前世の体験、死者とのコミュニケーション体験などもここに含まれます。そして、こうしたさまざまな特殊な体験の本質的な意味を理解するには、それぞれの意識状態に応じた科学（＝状態特定科学）が必要であると考えるのです。

つまり、特殊な体験だから科学から排除しよう、と考えるのでなく、特殊な体験が特殊な体験なりに持っている本質的な意味を理解し取り出していくために、科学のほうの枠を広げていこう、とするわけです。そこに貫かれているのは、いかに特殊な体験であれ「それが起こるからにはその体験には何かしら大切な意味が秘められているはずだ、ならばそれを明らかにしていこう」という、「事象そのもの」に語らしめる現象学的な態度です。

スピリチュアリティの時代のために

講演などで、こうした学問的な方法論の話になると、決まって次のような言い方をされる人が出てきます。

「諸富先生は、大学の先生だから、〝あの世〟がある、とか、〝生まれ変わり〟はあるって言いたくても、言えないんでしょう」

つまり、死後の世界を実在として語らないのは、私の保身だ、というわけです。

そうではありません。わからないことは、わからないと語る。人間に知りえないことは、知りえないと言う。その上で、あえてギリギリの線で語る、という枠を大切にしないと、この分野がどこまでいっても、マイナーな「好きもの」の世界にとどまってしまうと思うからです。

スピリチュアリティの世界は広大です。しかも、おそろしく深い。人類にこんなに貴重な智恵の蓄積があるのに、それを一部の「お好きな人」の趣味の世界に閉じ込めておくのは、あまりにもったいない、と思うのです。

第1章で書いたように、私は、現代社会は「生きる意味を実感できない社会」であると思います。そして、「生きる意味を実感できる社会」に日本社会が生まれ変わるためには、必ず、スピリチュアリティの智恵が必要とされると思っています。

大学や大学院でも、スピリチュアリティ学科やスピリチュアル・グロース専修といったコースがそのうちできていくでしょう。企業もスピリチュアルな方向性を打ち出すようになるでしょうし、たとえば子育てといった日常的な出来事にも、スピリチュアルな観点が欠かせなくなってくることでしょう。そのときのためにも、スピリチュアリティの領域を、信頼でき深みのある世界に耕しておく必要がある、と思うのです。

「お手軽スピリチュアリティ」と「ほんものスピリチュアリティ」

そうした意味では、私は、あまりに手軽にスピリチュアルな話が飛び交い、「生まれ変わり」を信じるような風潮は、かえって危険だと思います。

「お手軽スピリチュアリティ」が世に浸透することによって、かえって「ほんものスピリチュアリティ」を食いつぶす。「お手軽スピリチュアリティ」が隠遁を余儀なくされる。そんなことが起こりかねないし、現に起こりつつあるのです。

たとえ提供するほうに罪はなくても、消費者がそれを「お手軽」に受け取ってしまうこともありえます。たとえば、先に紹介した飯田史彦さんの授業を受けた学生の、次の言葉。

「先生のお話を聞いて、すっかり気持ちが楽になりました。現在抱えている、就職活動に関する悩みも、とてもちっぽけなことのような気がしてきました。死に対する恐怖は、すっかりなくなってしまいました。死んだあとにどうなるのかということが、きわめて論理的にわかったからです。

たとえ先生の話が、まるっきりの嘘だったとしても、私は今後も信じて生きていきたいと思います。死後の生命や生まれ変わりを信じた方が、これからの人生を、有意義で生き生きと送れるにちがいないからです」（『生きがいの創造』）

飯田先生の授業を受けるだけあって、凄くまじめな学生さんなのだろうと思います。そして、「何と大人なのだろう」と私は思います。

彼女が特別なのではありません。第2章で見たように、私の授業でも同じようなことを書いていた学生がいました。

「たとえ先生の話が、まるっきりの嘘だったとしても、私は今後も信じて生きていきたいと思います」――こんなふうに自分に目隠しをできれば、どんなに生きるのが楽だろう、と私は思います。かつて若かった頃の私は、いや今でも、こんなふうに割り切って考えることはとてもできません。

「目隠し」としての「生まれ変わり」

「生まれ変わり」を信じたほうが「生き生きと生きられる」気がする。だから「たとえ嘘だとしても」「生まれ変わり」を信じる、と彼女は言うのです。ここでは、「生まれ変わり」はある種の防衛装置、人生を前向きに生きていくための、一種の「目隠し装置」として機能しているとは言えないでしょうか。

未知に囲まれ、それゆえ、不安に脅えるのが私たち人間の本質です。たとえ「生まれ変わり」を信じているとしても、「もし、生まれ変わりがないとしたら……」「死が、文字通り、一切の終わりを、永遠の無を意味しているのだとしたら……」、そんな「未知の世界への畏れの感覚」を麻痺させてしまってはならないと、私は思います。

人間を超えたもの。人智をはるかに超えた、未知の世界。心の安定のために、それに対する畏れの感覚を軽減させるスピリチュアリティは、私に言わせれば「お手軽スピリチュアリティ」であり「偽りのスピリチュアリティ」です。

未知のもの、人間を超えたもの、知りえないものへの畏れの感覚。それがスピリチュアリティの原点であるはずです。

その意味では、死後の物語を一切拒絶した次の森岡正博さんの言葉のほうが、私にとってははるかに、スピリチュアルな感覚を呼び起こしてくれます。

「『私が死んだあとの、この世界がどうなっているか想像してみよ』と言われたとき、たいがいの場合、私がいなくなって悲しむ家族の姿や街の様子などを、死んだはずの私が雲の上から覗き込んでいるというシチュエーションで、われわれはそれを想像しがちである。しかし、残された家族の姿を覗き込んでいる私というものが、この世界以外のどこかにいるのならば、『私の死』は実は起きていないことになる。ここは重要な点なので、注意しなくてはならない。『私の死』とは、『私が死んだあとのこの世界の様子をどこかから覗き込んでいる私』という存在すらも完全消滅してしまうことなのだ。そのような事態において、なおかつ、この世界がこの私とは無関係に存在を続けるとは、どういうことを意味するのか。ここにひとつの究極の問いがある」(『無痛文明論』トランスビュー)

「私が死んだあとのこの世界の様子をどこかから覗き込んでいる私」という存在すらも完全消滅してしまうこと――。この事態に思いを寄せるとき、思考が止まり、静かな沈黙が訪れます。その瞬間、私たちにスピリチュアルな感覚がもたらされるのです。

「語りえないもの」「知りえないもの」への畏れと慎み。その感覚を、スピリチュアリティの領域にかかわる人は失ってはならないと思います。

とりわけ、死後の世界について軽々しく語ると、信頼を失うだけでしょう。「死後の生」についてたずねられた際の、ビクトール・フランクルの言葉を紹介しておきましょう。

「死んだらどうなるかという問いは無意味だと実証主義者が言うのは正しいと思います。その理由は単純です。死ぬその『瞬間』に、時間のカテゴリーが自動的になくなるからです。死亡時刻を基点として、『前』とか『後』とかを考えるのは無意味だと思います。ですから、再生とか、一般に死後の生は、私には問題になりません。時間のカテゴリーは、私たちといっしょに死ぬんです。時間のカテゴリーも空間のカテゴリーも、棺の中にもっていけません。棺の中には、空間も時間もないのです」（山田邦男／松田美佳訳『宿命を超えて、自己を超えて』春秋社）

玄侑宗久の答え――「根源的な意識の連続体」に帰ると信じる

玄侑宗久《げんゆうそうきゅう》さんは、信頼できそうだ。それが玄侑さんの本『死んだらどうなるの？』（ちくまプリマー新書）を読んでの感想です。

僧侶で、売れっ子作家で、『死んだらどうなるの？』なんていかにも答えをスパッと与えてくれそうな、そんなタイトルのこの本を書いた玄侑さんは、いい意味で読者をのらりくらりと裏切り続け、「こうなるよ」とはなかなか言わず（「お手軽スピリチュアリティ」であることを拒み続け）、その代わり、こんなことを言ってくれるのです。

「とにかく論理的に『あの世』や『魂』をわかろうとするのは、そろそろ諦《あきら》めていただきたい。論理というのは、それほどに不備なのである」

　そうなんです！　私たちはふつう、「あの世」とか「魂」のことが理解できないのは、それらがいかがわしいからだ、と考えます。

　しかし、そうではなく、わからないのは「論理」のほうが追いついていかないからなのです。そして私たち現代人が「わかる」というとき、「論理でわかる」ことを意味するので、ふつうの仕方で「わかろう」とすると、かえって「わからなくなる」のが当たり前なのです。論理で「わかろう」とすること自体、不遜といえば不遜なことです。

　玄侑さんは、「あの世」を説明するのに、理論物理学者デヴィッド・ボームの「暗在系」という考えを援用します。ソニーの犬型ロボットＡＩＢＯの開発者であり、「あの世」シリーズの著者として知られる天外《てんげ》伺朗《しろう》さんもそうでした。

目に見える世界が「明在系」。見えない世界が「暗在系」。「あの世」は「暗在系」であって、それは「素粒子の霧」のような状態にあり、純粋にエネルギーであり、しかもいたるところに均等に存在する、というのです。

　素粒子や光は、観察者がいないときには波として存在するが、観察者の観察するという行為においてはじめて粒子として姿を見せる。これと同じように、「あの世」も「魂」も、ある人が変性意識状態にあるとき、その相互作用において起きる「できごと」であり、

「ある」とか「ない」とか考える対象ではない、というのです。その前提には、この世の現実のすべては、観るものと観られるものとの相互作用によって生まれてくる「できごと」である、つまりすべては「空」である、という量子力学的な理解が据えられています。

変性意識状態における「できごと」としての「あの世」。これは、トランスパーソナル心理学における現象学的な理解にほぼ重なります。

では、玄侑さんは、死後も「魂」が残り、それが次の世でも別の形をとって生まれ変わる、という「生まれ変わり説」を完全に否定するのでしょうか。

ここでも控えめに、玄侑さんは、こう言います。

「私は道場で坐禅し、また仏教を学ぶうちに、なにか死によっても途切れない何者かを信じるようになったのである」

「今、私は『途切れない何者かを信じる』という言い方をした。それは、多くの仏教的認識が先端科学の提示する世界と矛盾しないのに対し、このことだけはいわゆる科学がまだ扱い得ない領域だから『信じる』としか言えないのである」

「確実に言えること」と「信じるとしか、言えないこと」、この両者を明確に分ける玄侑さんの姿勢に学ぶべきことは多いと思います。

本来なら、この方は僧侶なのですから、「宗教」のところで扱ってもいいのかもしれません。しかし、言葉の狭い意味での宗教が、ある特定の「物語」を「信じる」ことを前提して話をはじめるのに対し、「確実に言えること」と「信じるとしか、言えないこと」の区別を自覚的におこないながら語る玄侑さんの姿勢は、「ほんもののスピリチュアリティ」の在り方のいいモデルになりうるもののように思ったので、ここで扱いました。

最後に、玄侑さんは、唯識《ゆいしき》派の世親《せしん》が唱えた「心相続《しんそうぞく》」の考え（一瞬前の行為が心に染み付き、その影響下で次の心が現前するという考え）を紹介した上で、自分は死後も中有《ちゅうう》（中間生）に存在するような「根源的な意識の連続体」をはっきり実感したわけではないが、こうした考えは「妙に私を安心させる」と言います。あくまでも、控えめに。

上田紀行の答え――「生きる意味の不況」から脱出せよ

上田紀行さんは、私よりも五つ年上の文化人類学者。どのジャンルでもそうでしょうが、一つ上の世代で活躍している人は、とても輝いてみえるものです。

私にとってそんな世代の人は、上田さんでしょう、森岡正博さんでしょう、宮台真司さんでしょう……。そして上田さんや森岡さん、宮台さんがいい仕事をされていると、何だかこっちまでホッとする。かつて、憧れの存在であった人には、やっぱりずっと「目標」

であってほしかったりするものです。もっともむこうからすると余計なお世話でしょうが。

そんな私たちの「兄貴分」上田紀行さんの本『生きる意味』（岩波新書）。

タイトルからすると、生きる意味を求めても手に入らずに苦しんでいる、そんな人が処方箋を求めて、すがって手にしそうな本に見えます。しかし、この本には、「人生の意味はここにある」的な「答え」は一切示されていません。

「これまでの時代は、『生きる意味』も既製服のように、決まったものが与えられた時代だった。しかし、これからは違う。ひとりひとりが『生きる意味』を構築していく時代が到来した。『生きる意味』のオーダーメイドの時代なのである」

「オーダーメイド」なのだから、著者が読者に「答え」を示すのも控えられています。

この本ではむしろ、多くの人が生きる意味を実感することができなくなっている現在の日本社会の問題の分析と、その変容への基本的な考えの提案が中心となっています。著者の最大の関心は、グローバルスタンダードという、つまるところ「弱肉強食」の哲学によって、人類社会全体がその豊かな文化を衰弱させつつあることに、とりわけ、日本社会が、世界から排除されないようにといつものように外からの目ばかりを気にして「構造改革」路線によって、少数の強い個人と大多数の弱者とによって構成される世界へとひた走っていることに対する強い怒りに向けられています。

まったく同感です。

日本社会が不況なのは、消費が伸びないからだという。ではなぜ消費がのびないかというと、世の中が「弱肉強食化」しつつあることをみなが肌で感じ取っているために、将来への不安ばかりが先に立つからです。日本人は残念ながらそう強くありません。個を中心とした競争社会より、助け合いを中心とした「安心できる社会」の中でこそ、活力が発揮できるはずです。

弱者を中心に据えた「つながりと助け合いの原理」で社会を再構成すれば（たとえば、終身雇用制に戻し、ヨーロッパなみに増税してでも福祉を充実させるならば）、多くの人は安心して、メンタルヘルスは進み、不況からも抜け出すことができるでしょう。実はみんな、すでにわかっていることかもしれないけれど。

江原啓之の答え——人生の目的は「たましいの成長」

ここまで読まれていかがでしょう。なんだ、スピリチュアリティといっても、出てくるのは大学の先生とか、有名な僧侶とか、抑制の利いた人ばかりじゃないか。あやういい感じのしないスピリチュアリティなんて物足りない。そう思われた方もいるかもしれません。

たしかに私は、「本来、人間には知りえず、したがって信じるしかないこと」の「知りえなさ」を大切にするべきだと思っています。スピリチュアリティという、人類の智恵が凝縮されたすばらしい世界だからこそ、「あやしい世界」「不思議な世界」で終わらせたくないのです。

スピリチュアリティの領域で活躍している人にも、この意味で「かなり確かな人」から「かなりあやうい人」まで、さまざまいます。私の目から見て「かなり確かな人」の代表的な一人は、先にとりあげた玄侑さんです。未知の領域に踏み込むときも、かなり慎重に、どういう意味でそう言えるのか、背景や文脈を定めながら語るところがあります。

一方、かなり「あやうい方々」も、この領域には少なくありません。

たとえば、「霊媒」「霊能者」「サイキックリーダー」などと呼ばれている人たちがそうです。彼らの特徴は、トランスパーソナル心理学で「変性意識状態におけるリアリティ」と理解する「霊」や「魂」を実在として捉えるところにあります。

この「かなりあやうい派」の代表格は、売れっ子霊能者の江原啓之《えはらひろゆき》さんでしょう。また、彼が英国の慣例にならってのこととは言え、「スピリチュアル・カウンセラー」と名乗っているため、学問的背景を伴う「スピリチュアルなカウンセリング」を専門としている私としては、両者が混同されるおそれありと感じて、正直、多少迷惑に思ったこともありました（されていることの実際は、「サイキック・リーダー」と名乗るのがふさわしいと思うのです）。

スピリチュアリティという言葉は、先述しましたが、現代ではWHOによる「健康」の定義にも使われるほど公共性のある広い言葉です。語源的にもスピリット（spirit）は、「風」「息」といった意味があり、「息でいのちを吹き込む」という表現もあるように、「いのちのはたらき」というニュアンスのある言葉です。けれども、これを実在的な「霊」に限定するような狭いイメージを、江原さんが有名になったことで結果的にスピリチュアリティという言葉に与えてしまい、日本でのこの領域の広まりに悪影響をおよぼしてしまった面は否めないと思います。

しかし、こうしたことを脇に置いて本を読んでみると、これがなかなか面白いのです。「あやしい世界」にも、「あやしくて有害」な人と、「あやしいけど、有益」なメッセージを送っている方がいます。私は、江原さんは、「あやしいけど、有益」なメッセージを発している方だと思います。なので、ここであえてとりあげるのです。

江原さんのメッセージは明快です。

「私たちが一番大切にしなければならないことは、『たましいの成長』です。それこそが私たちの『人生の目的』なのです」

「スピリチュアル・カウンセラーの目的は、あくまで霊的真理を土台とした、相談者の『たましいの成長』です」

「霊的真理から見れば、この世に『偶然』はありません。すべてが意味のある『必然』です。人生のすべての行きづまりには、そこから学ばなければならない『何か』があるのです。学ばなければならない『間違い』があるのです。すべては『たましいの成長』のためです」（いずれも『スピリチュアルな人生に目覚めるために』新潮文庫）

これらの言葉の中の、「霊的真理」という箇所を「ユング心理学」や「トランスパーソナル心理学」に、「スピリチュアル・カウンセラー」を「心理療法家」に置き換えてみると、いかがでしょう。それほど違和感は感じないのではないでしょうか。

つまり、江原さんと私とでは、たとえば江原さんが霊視という方法を使い、私は心理学的カウンセリングを行う、といった違いはあっても、意外とその視点に共通するところもありそうなのです。

実際、テレビなどで江原さんの霊視にもとづく相談を見ても、相談者がこれからの人生を前向きに生きていくことができるようにという、暖かいまなざしを感じます。「言いたい放題」に見えるどこかの占い師とは、だいぶ違います。

私が、江原さんの指摘を有益だと最初に感じたのは彼の「守護霊」の捉え方です。

これまでは「守護霊」などというと、私たちの願望や欲望をかなえてくれる「魔法使い」のようなものと考えられていた、と江原さんは言います。そのため、少し運が悪いと「私には守護霊がついていない」と嘆く人がいたりするのです。

しかし、江原さんによれば、守護霊は、ついたりつけられたりするものではなく、生まれる前からずっとついており、死後までずっと私たちを見守ってくれているもの。私たちの都合のいい望みをかなえてくれるようなものではなく、どんなにつらいとき、苦しいときも、いつも共にいてくれて、そのつらく苦しい経験を通して私たちのたましいが成長していくよう願ってくれているものなのです。

「守護霊」をこのように捉えるならば、それは「願い事を叶えてくれる摩訶不思議なもの」ではなくなり、「私たちのたましいが気づきと学びを得てさらに成長していくように、見守り、導いてくれるもの」となるのです。

さらに、次のような壮大な展望をも語っています。

「私たちは実は人間ばかりでなく、日本、そして地球人類全体の進化・向上をも担っているからです。地球のカルマ（業）は日本のカルマでもあり、それはまた私たち個人のカルマなのです。

私たちはこの宇宙を、地球という星を浄化させるために生きているのです。私たちの究極の目的は、この星を浄化させ神の国とし、神の光の粒子となっていくことなのです」（『人はなぜ生まれいかに生きるのか』ハート出版）

ただの霊能者ではないことは、この言葉だけでもわかりますね。

『神との対話』の答え——自分が何者であるかを思い出すため

精神世界のジャンルの良書として世界的なベストセラーになった『神との対話』（サンマーク出版）は、その「あやしさ」という点では、江原さんよりもさらにはるかに、あやしい。この本は、著者のニール・ドナルド・ウォルシュが神との、三年間にわたる直接の対話の口述筆記をまとめたものなのです。

私生活でも仕事の面でも失敗続きで苦しんでいた著者が、自分を苦しめている相手、神に対して怒りに満ちた手紙を書きました。「こんなに、もがきつづけていなければならないなんて、わたしがいったい何をしたというのか」と。すると、驚くことに、ペンを握った著者の手が勝手に動き始め、神の声を書き取り始めたというのです。

なぜそんないかがわしい本が世界的なベストセラーになったのか、いぶかしがる方もいるかもしれません。理由は明白。「いかがわしいけれど、なかなかいいことを言っている」からです。

では、「人生の意味や目的」はどこにあるのか。さすがに神からのメッセージはストレートです。

「あらゆる生命の目的はひとつしかない。あなたがた、そして生きとし生けるものすべての目的は、できるかぎりの栄光を体験する、ということだ。話したり、考えたり、行動したりするのもみな、この目的のためだ。魂がすることはほかになく、魂が望むこともほかにない。（中略）

最高の秘密は、人生とは発見ではなく、創造のプロセスだということだ。あなたがたは自分を発見するのではなく、自分を新たに創造していく。だから、自分が何者であるかを知ろうとするのは、もうやめなさい。そうではなく、何者になりたいかを考え、そうなろうと決意して努力しなさい」

「人生はたましいの学びの場」説を神が否定した⁉

たいへん興味深いのは、この後の、著者と神との対話の場面です。

これまで見てきたように、スピリチュアリティの立場に立つ多くの思想家や実践家は、人生の目的は「たましいの成長」にある、と考えてきました。

飯田史彦さんも、キューブラ・ロスも、江原啓之さんも、みな、口をそろえて「人生の目的はたましいの成長にある」「人生とは、学びの場だ」「だからこそ、つらいこと、苦しいことも学びとしての意味がある。たましいは、苦しみを通して成長していくのだから」と教えてきました。この本の「神」はしかし、この考えをまっこうから否定するのです。

その部分を引用して紹介しましょう。

(著者) 人生とは学校のようなものだ、何かを学ばなくてはいけない、ここを「卒業」すれば肉体というかせにしばられずにもっと大きな目的を追求できる、そう言うひとがいます。この考えは正しいのですか? (中略) 人生は学校ですか?

(神) いや。

(著者) 何かを学ぶために、生きているのですか?

(神) ちがう。

(著者) それでは、何のために生きているのですか?

(神) 自分が何者であるかを思い出すため、そして創りなおすためだ。(中略) あなたがたが真の自分になぞらえて自分自身を創り出さなければ、真の自分にはなれないのだから。

(著者) ちょっとまってください、わからなくなりました。人生は学校かというところまで戻りましょう。おおぜいの教師に、人生は学校だと聞かされてきました。それを否定されたのですから、正直に言うとショックです。
(神)学校とは、知らないところを教わりたいと思うとき、行くところだ。すでに知っていて、その知識を体験したいというときに行くところではない。(あなたがたの言う)人生とは、概念として知っているところを体験的に知る機会だ。何も学ぶ必要はない。すでに知っていることを思い出し、それにもとづいて行動すればいい。

「想起説」——ここでプラトンを思い出される方も、少なくないでしょう。しかし、なぜここで「想起説」を持ち出して「人生学校説」を否定するのでしょうか。スピリチュアリティの世界で先行するスターたちへのライバル意識をちょっぴり感じます。

第6章　フランクルの答え

――どんなときも人生には、意味がある

答えは与えられている

ビクトール・フランクルは、オーストリアの神経科医兼精神科医。私が専門とするカウンセリングや心理療法の世界では、「生きる意味の問題」といえば、何といってもフランクルの名前があがります。

「生きる意味がわからない」「何のために生きなくてはいけないのか、わからない」――こうした現代人の苦悩を癒すため、フランクルは「ロゴセラピー」とか「実存分析」と呼ばれる独自の心理療法を創始したのです。

私の本をこれまでも読んでくださった方には、「またフランクルか」と思われるかもしれません。しかし、やはり「人生の意味」を扱う本書で、フランクルは素通りするわけにいかない存在です。

人生の意味の問題に対するフランクルの考えを理解しようとするとき、まず押さえておかなくてはならないのが、「人間は、人生から問いかけられている存在」である、というその独特の人間観です。フランクルは言います。

「人間が人生の意味は何かと問う前に、人生のほうが人間に問いを発してきている。だから人間は、ほんとうは、生きる意味を問い求める必要なんかないのである。

人間は、人生から問われている存在である。人間は、生きる意味を求めて問いを発するのでなく、人生からの問いに答えなくてはならない。そしてその答えは、人生からの具体的な問いかけに対する具体的な答えでなくてはならない」（『医師による魂の癒し』）

ここでフランクルが言っているのは、わかりやすく言えば、こういうことです。

私たちは、「何のために生きているのか」「この人生に意味なんてあるのか」と思い悩むことがあるけれど、ほんとうは、そういったことに悩む必要なんて、これぽっちもありはしない。なぜならば、「私たちがなすべきこと＝実現すべき意味」は、私たち人間がそんなふうに思い悩むかどうかとかかわりなく、私たちの足下に、つねに、そしてすでに送り届けられてきているからだ。

つまり、「何のために生きるのか」という問いの答えは、私たちが何もしなくても、もうすでに、与えられてしまっている。したがってむしろ、私たちがなすべきこと、おこなうべきことは、私たちの足下に、つねに、そしてすでに送り届けられてきている「意味」を発見し実現していくこと。それだけであり、このことを私たちは、人生から問われている。人生のほうから求められている。

どんなときも人生には、意味がある。

どんな人のどんな人生にも、なすべきこと、満たすべき意味が与えられている。

あなたを必要としている「何か」があり、あなたを必要としている「誰か」がいて、そしてその「何か」や「誰か」はあなたに発見され実現されるのを待っている。

つまり、あなたの「なすべきこと」「満たすべき意味」――それは、あなたが求める求めないにかかわらず、つねに、そしてすでに、あなたの足下に送り届けられてきている。だから私たちは何も、それを求めて思い悩む必要はないのだ。あとはただ、私たちがこの素晴らしい真実に目を開くだけ。勇気をもち、こだわりを捨てて、人生のこの素晴らしい真実に目を開くだけ。

人生のこの逆説的な真実を、フランクルの言葉は、解き明かしているのです。そこでは、基本的な人生観の転換が求められます。私たち一人一人の基本的な人生哲学を、百八十度、転換することが求められているのです。

すなわちそれは、「私のしたいこと、やりたいことをするのが人生だ」という人生観から、「私のなすべきこと、私がこの世に生まれてきた意味と使命を実現していくのが人生だ」という人生観への、転換。こうした生き方の転換が、「私は、なすべき時に、なすべきところで、なすべきことをしている」という深い「生きる意味」の感覚に満たされて生きていくことができるようになるためには必要なのだと、フランクルは言うのです。

そのために、フランクルの心理学では、従来の心理学の問いを逆さにします。これまでの心理学では、たとえばこのように問うてきました。

「あなたがしたいことは、何ですか」

「あなたの人生の目標は何ですか。どんな希望や願望を実現したいですか」

フランクルの心理学では、これを逆さにして、次のように問うのです。

「あなたは、この人生で今、何をすることを求められていますか」

「あなたのことを本当に必要としている人は誰ですか。その人は、どこにいますか」

「その誰かや何かのために、あなたにできることには、何があるでしょうか」

今誰かにこんなふうに問われたとしたら、あなたには何が思い浮かぶでしょう。誰のことが思い浮かびますか。そしてその何かや誰かのことを思い浮かべると、あなたはどんな気持ちになってくるでしょうか。

「意味」とは何を意味しているか

さて、先に見たようにフランクルは、人生の「意味」に思い悩む人は、その「問いの立て方」自体に問題がある、と言います。「人生の意味」における「意味」が何を意味しているか、そこを捉えそこなったまま問いを立てるから、そうした誤りが生じるのだ、と言うのです。フランクルは「意味とは何を意味しているか」というタイトルの論文で、そのことを指摘しています。

フランクルは、「人生の意味」の問題を適切に考えるためには、さしあたり、次の二点は押さえておく必要がある、と言います。

(1) 意味の独自性

フランクルの言う「意味」は、特殊具体の人格がかかわる特殊具体の状況においてのみ存在するものです。ある特定の人が、ある特定の状況において見出し、実現すべきこと。これが、その人にとっての、その状況の意味です。

人間が刻一刻と出会う状況には、それぞれまったく異なる意味が存在している、とフランクルは言います。この状況にはこの意味が、あの状況にはあの意味が当てはまるのであり、決してそれらを総括することなどできません。「意味はその都度の『時の要請』であり、「毎日、毎時が新しい意味を差し出してくる」のです。フランクルの言う「意味」はあくまで、「今・ここでの・この私の意味」なのです。それは「そもそも人生には、こうした意味があって」といった超・文脈的な性質のものではありません。これを超えたすべての人に当てはまり、人生のすべての状況をも貫き通っているような「人生の普遍的な意味というものは、存在しない」。だから、そんなものを求めても無駄だ、とフランクルは考えるのです。

この点について、フランクルはヒレルの言葉を引用して次のように述べます。
「ヒレルは言った。『もし私がそれをなさないのであれば、誰がそれをなすと言うのだろう。そしてもし私がそれをたった今なさないのであれば、私はいつそれをなすべきであろうか。……』もし私がそれをなさないのであれば……この言葉は私自身の独自性を示しているように思われる。もし私がそれをたった今なさないのであれば……この言葉は私に、ある意味を実現するためのある機会を与えてくれる、過ぎ去りつつある瞬間の独自性を示しているように思われる」(『意味への意志』)
フランクルの言う「人生の意味」は、すべての人に、次のような要請を突きつけてきているのです。「今・ここでそれを実現せよ、この意味を充たしうるのはあなた一人しかいないし、この意味を実現する機会は今この時をおいて他にはないのだから」。

(2) 意味の超主観性

フランクルは、意味は「超主観的」である、と微妙なことを言っています。主観を超えているから主観ではない。といって、客観となると、今度は意味を実現しようとする人間の主体性が抜け落ちてしまう。フランクルが「超主観的」という言葉を用いるとき、観察による確認とか論理による立証といったことではなく、あるものがただ「主観を超えている」「主観に還元されえない」という事態をそのまま現象学的に指し示すために使われています。

なぜフランクルは「超主観的」などという言い方をあえてするかというと、現代の相対主義的風潮に警鐘を鳴らしたいからです。ニーチェの「パースペクティヴィズム（観点依存性）」に、そしてその影響下にあるポストモダン思想に顕著なように、現代社会では、「すべては好き好き」「ものの観方次第」と考える風潮があります。すると真も、善も、美も、そして意味も単に「好み」の問題にすぎない、となってしまいかねません。これを懸念して、フランクルは、意味は「超主観的なもの」であると言うのです。

「人生の意味」はつくり上げるものではなく、発見すべきもの

「人生の意味は、自分でつくるものだ」といった言葉をよく目にします。フランクルはこれを不遜な考えであると批判します。

フランクルによれば、人生の意味は、私たちが自分で「つくり出していいもの」ではありません。ある特定の状況において、ある人によって実現されるべき意味はたった一つしかないのです。ただ一つの意味だけがその人にとってその状況が持つ「正しい意味」であり、その他はいずれも的はずれにすぎない、とフランクルは言います。

「私たちの問いにはたった一つの答え、正しい答えしかないのであり、それぞれの問題に

はたった一つの解決、妥当な解決しか存在しない。そして、それぞれの人生、人生のそれぞれの状況には、たった一つの意味、真の意味しか存在しないのである。(中略)人生において重要なのは意味付与ではなくて、意味発見である。ある意味の付与ではなくて、かの意味の発見が重要なのである。私たちはここで発見という言葉を使うが、案出という言葉を用いはしない。というのは、人生の意味は考え出されるものではなく、見出さなければならないものだからである」(『医師による魂の癒し』)

私たちが人生のある状況に立たされた時、そこで見出されるべき「意味」はただ一つしか存在していない。過ちを犯しやすい私たちにとって、これは、かなり厳しい言葉です。しかし人間は、意味を恣意につくり出すなどという不遜なまねをしてはならないとフランクルは言います。

「私たちはここで、人生の意味とは何であるか、その結論に到達した。

意味とは、意味されているものである。それが私に問いを発する人についてであれ、あるいは、私が直面するある人生の状況——そのうちにある問いを含み、私にある答えを求めてくる状況——によってであれ。(中略)私は、私が問われている問いの真の意味を見出すためにベストを尽くさなくてはならない。

たしかに人間は、自分が人生から問われている問いに自由に答えることができる。しかしこの自由は、恣意性と混同されてはならない。人間は、人生からの問いに正しい答えを与える責任がある。ある人生の状況の真の意味を見出すことに責任があるのである」（「意味とは何を意味しているか」）

収容所体験

フランクルの言葉に重みがあるのは、かつて第二次世界大戦の折、ユダヤ人としてナチスの手でアウシュビッツ収容所に捕虜として捕らわれていた体験があるからです。

その強制収容所での体験をまとめた本が、名著『夜と霧』（みすず書房）。ナチスの強制収容所に捕らわれたその体験を綴った体験記ですが、フランクルは「人生の意味」に関する自分の考えは、この極限状況下においても証明されたと言います。

では、強制収容所という過酷な状況の中で、人はどんな生きる意味を見出していったのでしょうか。

ある日、フランクルのもとに二人の囚人が訪れ、「もう人生には何も期待できない。自ら命を絶つほうがましではないか」と訴えました。この二人にそれぞれフランクルは次のように問いかけたといいます。

「たしかにあなた方は、人生にもう何も期待できない、と思っているかもしれません。

ナチスの手でガス室に送られるくらいなら、みずからいのちを断つほうがまだマシだ。そんなふうに思われたとしても、少しも不思議ではありません。

けれどもその一方で、人生のほうはまだ、あなた方一人ひとりに対する期待を決して捨てていないはずです。〝あなたを必要とする何か〟がどこかに必ずあり、〝あなたを必要としている誰か〟がどこかに必ずいるはずです。そして、その〝何か〟や〝誰か〟はあなたに発見されるのを待っているのです」

この言葉を聞いて、二人の囚人は自殺をとりやめました。一人は外国で自分との再会を待っている娘がいることに、もう一人は、ある科学の著作シリーズが自分の手によって完成されるのを待っていることに気づき、そこに自分にとっての「生きる意味」を見出したからです。

「どんなときも人生には、意味がある。自分を必要とする〝何か〟があり、自分を必要とする〝誰か〟が必ずいて、自分に発見され実現されるのを待っている。そして自分にも、その〝何か〟や〝誰か〟のために、できることがあるはずだ」

私のことなんて誰も必要としていない、こんな私にできることはない、と意味喪失感に苦しむ若者が少なくない今日、フランクルのこの言葉ほど、私たちの魂を鼓舞し生きる勇気とエネルギーをかきたててくれるものはありません。しかも、ナチスの収容所の中でさえ、この真実は通用したのです。それに比べれば、まだまだ豊かな、この平成の日本が何だと言うのでしょう。不況だ、リストラだといっても、ナチスの収容所とは比べようもなく、私たちに「できること」はいくらでもあるはずです。

生きぬかれた過去は永遠の座標軸に刻まれる

ある時、年老いた開業医が抑うつ状態に悩まされるといってフランクルのもとを訪れました。彼は二年前に妻を亡くしたのですが、その痛手からずっと立ち直れずにいたのです。フランクルはただ、次のような質問を投げかけていきました。

「先生、もしあなたのほうが先に亡くなられていたら、どうなったでしょう。つまり奥様のほうが、あなたよりも長く生き長らえていたとしたら」

老医師は言いました。

「もちろん妻はたいへん苦しんだにちがいありません」

フランクルは答えます。

「おわかりでしょう、先生。奥様はその苦しみを免れることができたのです。そしてその苦しみから奥様を救ったのは、先生、ほかならないあなたなのです。ですから今、奥様を失った悲しみにあなたが打ちひしがれていることには意味があります。奥様が受けたかもしれなかった苦しみを、あなたが代わって苦しんでいるという、そういう意味があるのです」

この老いた医師は、何も言わずにフランクルの手を握り、去っていったといいます。

自分の今の苦しみには「妻の犠牲」という意味がある。そのような見方を手にすることで、老医師の苦しみは、耐えるに値する「意味あるもの」に変わっていったのです（『心理療法と実存主義』）。

ところで、この面接もそうですが、フランクルの考えにはしばしば年老いた人の魂を鼓舞し、深く勇気づける力があります。それは、フランクルの実践がその独特の「時間論」――過去というものへの限りない慈しみの姿勢を育ててくれる「時間論」――に支えられているからです。

フランクルは死を間近に控えた、ある高齢の患者さん（コテクさん）との面接の中でくり返し、くり返し、こうたずねています。「あなたがこれまでの人生で成し遂げてきた幸福、出会い、苦悩、達成、成就……こうしたもののすべては、誰かの手で消し去られてしまうものでしょうか。死によってそれらはすべて無に帰してしまうのでしょうか。それともそれらは、永遠に残り続けるのでしょうか」と。この問いに直面させることで、フランクルは、死を目前に控えたこの患者の生きる姿勢を確固たるものにしようとするのです。そして最終的には、「あなたの人生そのものが、不朽の業績なのだ」という確信を与えて面接を終えています。

この背景には、フランクルの次のような「時間論」が控えています。

フランクルは、現在、未来、過去を比較してこう言います。

現在は、一瞬一瞬、過ぎ去ってしまう。その意味で、はかないもの。

未来は、まだ来ていないもの。来るか来ないかもわからず、その意味で不確かなもの。

しかし過去は、すでに確実になされており、それは誰の手によっても変えることはできない。打ち消すことはできない。したがって、現在、未来、過去の中で、もっとも確かなものは過去である、とフランクルは言うのです。

フランクルは、「ぼんやりと過ぎ去った過去は永遠に失われてしまうが、実現され生きぬかれた時間は永遠の座標軸に刻まれ続ける」という独特の考えを持っています。

実現されず、失われた時間は、永遠に失われたままである。けれども一方、生きぬかれ実現された時間は、永遠に刻まれ続ける。そう言うのです。

本格的な高齢化社会を迎えた日本。多くの高齢者は、「もうすべては過ぎ去ってしまった」「人生ははかない」と悲観し、ときに絶望します。その中で、過去を永遠に刻まれ続ける「不朽の業績」と捉えるフランクルの時間論は、大きな希望をもたらすものだと思います。また、こうした観点（文脈）を意識しながら、回想法（ライフ・レビュー・インタビュー）をおこなえば、ホスピスや在宅ケアでも大きな効果をもたらすはずです。

これまで、人生の意味の問題について、さまざまな方の「答え」を紹介してきました。ここで断っておきたいのは、次章で紹介する私自身の「答え」も含めて、すべての「答え」は――ここには紹介していない「答え」も含めて――どの「答え」も、ある意味では正しく別の意味では間違っている、少なくとも不十分である、ということです。

これは「結局、人生の意味をどう考えるかなんて、個人の好き好き」という浅薄な相対主義とは異なります。むしろ、言葉というものに内在する限界を示しています。

あるメガネ（理論）をかけると、たしかに見えてくるものがあります。それがそのメガネ（理論）をかけることのメリットです。しかしそのメガネ（理論）をかけることで、見えなくなるものもあります。そこを見るためには、今のメガネ（理論）を捨てて、別のメガネ（理論）をかけなくてはならないのです。しかもそうすることで、これまで見えていたものが見えなくなることへの自覚を保ちつつ。理論というもの、言葉というもの、書物というものの、魅力と限界の双方がここにあります。

みずからの視野の限定性を自覚しつつ、それでもなお、少しでもより納得のいく「答え」を求めていくこと。これが私たち一人ひとりに求められる姿勢です。

いろいろな人の「答え」を、「この答えはいい」「こりゃだめだ」だけで終わらせていくのは、もっともくだらないことです。人生の意味をあくまで「自分の問題」として捉え、「自分の答えを追求していく」――その刺激としてさまざまな「答え」は受け取られるべきです。

次に紹介する「私の答え」も、そのような姿勢でお読みいただけると幸いです。

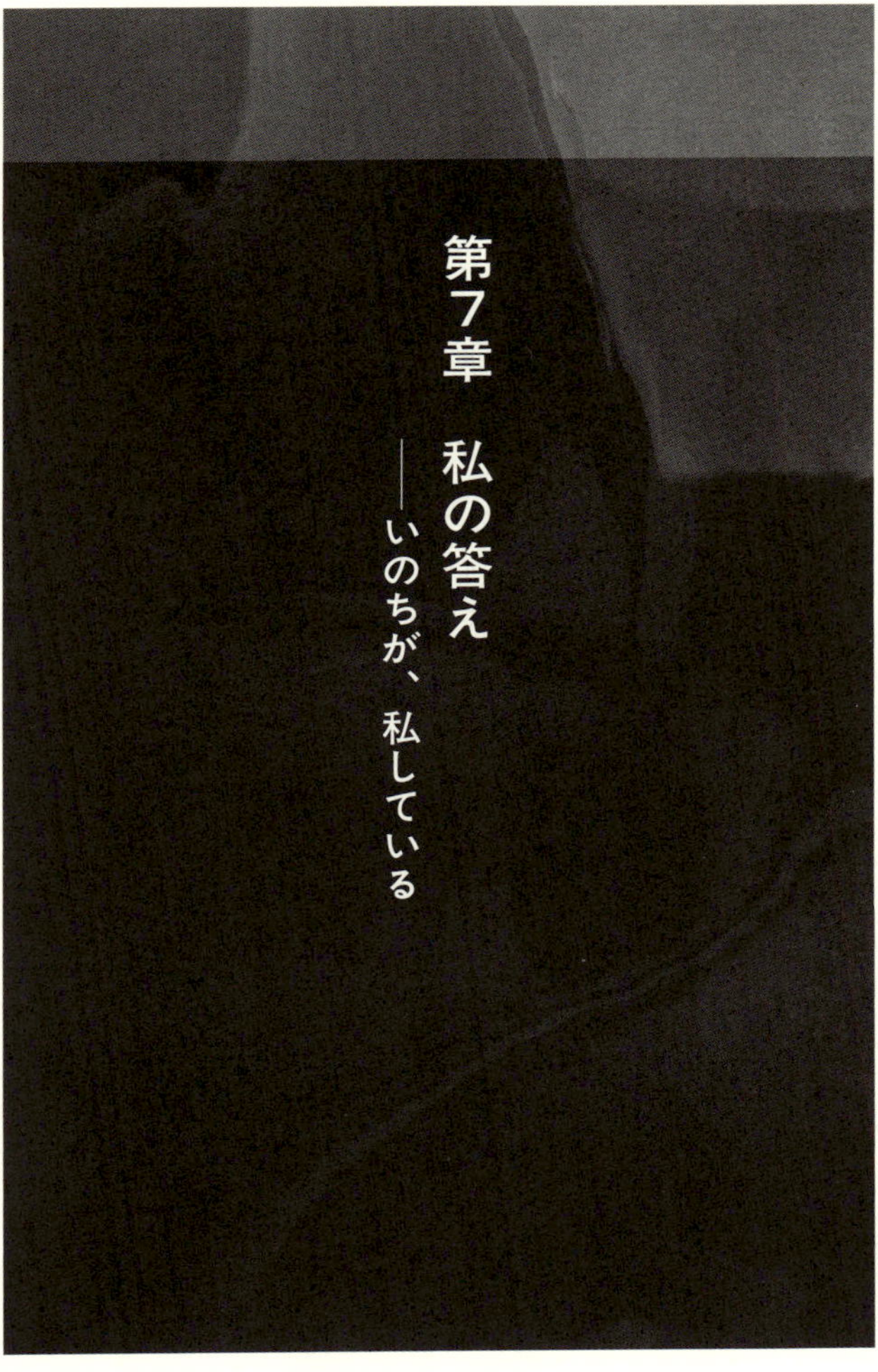

第7章　私の答え

――いのちが、私している

ある若者との対話

いよいよ、人生の意味の問題について私自身が現時点で出している「答え」をお話しする番がまわってきました。本書は私の本ですから、ほかの方より少々くわしく、私自身の考えをお話しさせていただきます。

まず、コンパクトに私の「答え」をお伝えするために、こんな場面設定をしてみました。

ここに高校二年生の男子生徒がいるとします。その彼は、かつての私と生き写しです。つまり、かつての私と同じように、「生きる意味」の悩みにとり憑《つ》かれ、寝てもさめてもこの問題を考え続け、生きた心地もせずに悩み苦しんでいます。実際私は、この年齢のころ、いずれ自殺しようと思っていました。

その彼（A君）が、私の研究室（カウンセリングルームでなく）を訪れたとしましょう。そんな場面設定です。したがって、以下のやりとりは架空のカウンセリングではありません。実際、私自身、十七歳のとき、近くの大学の哲学研究室に——カウンセリングルームではなく——相談に行ったことがありますが、そんな設定です。

そこで私は、どう答えるでしょうか。

A君「先生、人生には意味や目的はあるんでしょうか。人間がこの世に生まれてきて、生きていく。そこにはどんな意味や目的があって、どう生きていけばいいんでしょうか。私は、どうしてもその〝答え〟が欲しい。それがわからないと、生きていけません。生きていっては、いけないように思うんです」

私「一人の人間として、正直に答えよう。

人生には、意味と目的はある。確実にあります。

それを私は、知っています。信じているのではなく、知っているのです。

ある体験を通して、私はそれを知りました。

わかろうとして、考えて、理解したのではありません。

ある体験を通して、私はそれを〝告げ知らされた〟――あるとき突然、思いもかけずに〝告げ知らされた〟のです。

しかも、人の人生は、生き方によって意味のある人生と、意味のない人生に分かれるのではは、ありません。どんな人の、どんな人生にも、意味はあります。いかに過酷な状況においても、意味は確実にあるのです。

たとえば、病に臥《ふ》し息をすることだけしかできなくなった人の人生にも、もちろん、意味はあります。ただ息をしているだけで、『ああ、私は息をしている。なんと、ありがたい』。そんな心境になることができれば、それは最高に意味ある瞬間だと思います」

A君「ありがとうございます。先生の考えは、先生の考えとしては、よくわかりました。ただ、私には、わかりません。先生の言うような体験を私はしたことがないものですから。……それに、生意気を言うようですが、人生の意味というものは、そんな特別な体験をした人にしか、わからないものでしょうか。ほんとうに、すべての人の人生にあてはまる人生の意味や目的なのであれば、やはりすべての人にわかるようなもの、もっとわかりやすいものなんじゃないでしょうか。……すみません。少し、言いすぎました。

ところで、もう少し教えてください。では先生は、人生の意味や目的を何だと考えていますか。誰か、特殊な人にだけあてはまるようなものではなくて、すべての人に当てはまる人生の意味と目的とは何でしょう?」

私「それを知りたい気持ちはよくわかります。かつて、今のあなたと同じ年齢の頃、私もその答えをどうしても知りたかった。それがないと、もう生きていけはしないし、生きていってはいけないのだとさえ思っていました。そして実は、今のあなたとちょうど同じ年齢の頃、私は実際、死のうとしたことがあるんです……」

A君「そうだったんですか……」

本気で求め続けること

私「それはともかく、あなたの質問は、私の知っている人生の意味とは何か、でしたね。申し訳ありませんが、今、それに答えることはできません。今、答えても、あなたの妨害にしかならないように思うんです。

あなたももう気づいたと思うけど、この問題を本気で考えているとき、いくら本を読んだりして、ほかの人の出した〝答え〟を知っても、まったく参考にならないんだ。

著者たちは、そろいもそろって、なんだか適当なこと、世間受けしそうなことばかり言っているようにしか思えなくて、本を読めば読むほど、馬鹿にするな、と腹が立ってくる」

A君「ほんとにそうです。ぼくも、本を読むたびに、いつも腹が立ってきます」

私「そうでしょう。……それはもちろん、著者のせいでもあるんだけど——なかにはいい加減な本も多いから——そればかりでもないんだ。

あなたももう、どこかでわかっていると思うけれど、人生の意味には、自分で求めていくよりほかない、というところがある。自分ではじめて〝発見〟した答えでないと、納得できない。あとになって、なんだこんな答え、すでに多くの人が出していたんじゃないか、と知って、驚くことはあるけれど、とりあえずそのときは、〝自分で〟答えを見つけることが必要なんだ」

A君「では、先生は、答えは自分で探し求めるしかない、そう言われるんですか。……たしかに、誰かから答えをもらっても、ぼくはおそらく、納得できないと思います。ただ……このままでは、とても不安なんです。このまま人生の意味を探し求めて、ほんとうにいつか、自分なりに納得のいく〝答え〟に出会うことができるかどうか。それがわからないから、不安なんです。

ときどき、こんな恐怖に脅えることがあります。もしかするとぼくは、このままこの問題を考え続けているうちに、心の病にかかってしまい、まともな生活が送れなくなるんじゃないか。そうでなければ、発作的にビルから飛び降りて死んでしまうのではないかって。

先生は先ほど、こうおっしゃいました。自分は、ある体験を通して、人生の意味を知った。ある体験を通して、それを〝告げ知らされた〟のだ、と。

せめて、どうすればそんな体験に至りつくことができるのかを教えてくださいませんか。どうすればそこに行けるのかを」

私「それなら、お答えすることができます。

答えは一つ、〝本気で求め続けること〟ただこれだけです。

キルケゴールも言うように、あれもこれも――たとえばあなたたちの年齢でしたら、恋も勉強も生きる意味もというように――、すべてを求めようとすると、それは何も本気では求めていないのと同じことです。あれかこれか。先ほどあなた自身がおっしゃっていたように、〝答え〟がみつからなければ、もう生きていけない、死んでしまうかもしれない。そんなところまで、自分自身を追い込んで〝本気で〟求め続ける。それしか道はないのです。〝妥協なき、求めの道〟――真理に至るには、それしか道はないのです。

だいじょうぶですよ、確実に〝答え〟はみつかります――そんな気休めを言うつもりはありません。あなたもおっしゃるように、下手をすれば、ほんとうに心が壊れてしまうかもしれません。下手をすれば死んでしまうかもしれないでしょう。そうなってしまっては、元も子もありません。自分の限界を知って、自己観察しておくことが必要でしょう。いざ、というときに、手遅れにならないように。

ただ、もしそのときまであなたが持ちこたえることができれば、おそらくいずれ〝その時〟は訪れます。本気で求め続け、悩み苦しみ続けることが、一種の〝行〟となってあなたの心身を根本から変えていくことでしょう。

そのとき、あなたは何もしなくても、〝答え〟がおのずと語りはじめます。機が熟して〝真理〟が立ち現れ、〝答え〟を告げ知らせるのです。私は、これは少なくとも可能性としては、すべての人間に起こりうることだと思っています」
A君「おかしなことを聞いてもいいでしょうか。ぼくがそこにたどり着くまでに、あと何年かかるでしょうか」
私「それは、人さまざまとしか言えません。ただ私の経験上、こういうことは言えると思います。これは、人生の意味だけでなく、ほんとうに何かを求めているすべての人に言えることかもしれませんが、本気で求め始めて、少なくとも五年はかかる、ということです。

あなたもそうかもしれませんが、最初の一、二年は苦しいなりに刺激もあるのです。本を読むと、いろんなことを学べる。そして二年もすると、人生の意味について、たいていの本に書いてあることは、自分の方がもう先に考えている、そんな状態になってきます。苦しいのは、そこからです。いつしか、完全に煮詰まってしまうのです。重要なのは、そこでなおその状態に耐え続け、求め続けることができるかどうかです。そこで耐えぬき、求めぬくことが三年から五年くらいできると、その状況を突破できることも少なくないようです。私の場合、七年かかりましたが。

ただ『もう三年も頑張ったのだから、もう少しだろう』、そんなふうに計算し続けるような姿勢では、たとえ十年経っても〝答え〟は得られないでしょう。

必要なのは〝命がけで求めつづける姿勢〟それだけなのです」

「人生の意味」は「知るもの」ではなく「目覚めるもの」

この架空の若者との対話の中で、私は、「人生の意味」を本気で探し求めていく上で心がけるべきことについて、ほぼ語ったつもりです。

念のために、簡単に整理しておきましょう。

一つは、「人生の意味」は、「知るもの」ではなく、機が熟したときに「目覚める（aware）もの」だということです。「認識する真理」ではなく「体験する真理」なのだということもできるでしょう。

もちろん、それに「目覚め」「体験」した後、しばらく経ってから「認識」するのです。「あぁ、そうか、人生の意味はこういうことだったのか」と。ただ、その真理とはじめて出会うとき、それは「言語を絶した体験」としてやってくるのです。

「あ、あああぁ……」

せいぜい、それだけ。あとは、沈黙するのみ。

しばらくして、それについて振り返るとき、はじめて言葉になるのです。

私がこれから、もう一度弟子入りして、自分を鍛えなおそうと思っている師にアーノルド・ミンデルという人がいます。私の見るところ、世界一のセラピストです。一九九八年に留学した際、ミンデルは「悟り」をこう定義していました。それは、「目覚めが自らに目覚めること」＝「覚の覚」（アウェアネス・オブ・アウェアネス awareness of awareness）である、と。

真理に目覚めても、それだけでは言葉にならない。ただ「あああぁ……」としか言いようのない、言語を絶した体験である。その「目覚め」が自らを振り返るとき、すなわち、「目覚めが自らに目覚める」とき、はじめてそれは言葉になるのです。

求めぬくこと、悩みぬくこと

もう一つ、先の架空の対話で私がお伝えしたかったのは、「人生の意味に目覚める」この体験に到達するには、それに先行する長い時間が必要だ、ということです。

ただこれは、「人生の意味」の問題に限らず、おおよそ、本当の意味で人生を変える力を持つ、すべての体験について言えることだと思います。

一つの例を紹介します。

トランスパーソナル心理学の理論的基礎を構築したケン・ウイルバーは、最近「インテグラル思想」という実践哲学を提唱していますが、米国の各地で最近、彼の哲学にもとづく「インテグラル・トランスフォーマティブ・プラクティス」という実践活動が静かに広まりつつあります。同じ志を持った数十名の仲間が集まり、特定の宗教にはもとづかず、身体、知性、感情、たましいのすべての側面において、全人格的な自己成長がなしとげられるよう相互に切磋琢磨しあっていく、新たな形の「行」の場です。そしてさらにその学びを、社会変革、世界変革にもつなげていこうとするのです。大企業の経営者など、これからの世界をリードする志を持った仲間同士が集《つど》ってこうした場を持ち始めています。

ここでも、単にものの見方が変わった、ものごとを違った視点で捉えることができるようになった、という表面的で一時的な変化（これをウイルバーは「トランスレーション（変換）」と呼んで、より深い根本的な変化である「トランスフォーメーション（変容）」と区別しています）ではなく、より深部にある基礎的な構造（認知構造）そのものが変わり定着するには、五年はかかる、と言われています。

ほかの場合もそうでしょう。たとえば、私の専門であるカウンセリングのトレーニングでもそうです。やはり最低五年は必要でしょう。

もっと身近な稽古ごと、ピアノでも、お茶でも、武道でも、何でもそうでしょう。最初の一、二年は誰でも楽しい。自分でもだんだん上達してくるのがわかります。

けれども、二年もすると行き詰まってくるはず。そこからが勝負です。そこで耐え続け、学び続けることができるならば、いずれ「突破」がやってきます。そうしてはじめて一人前になれるのでしょう。それには約五年はかかる、と言われています。

この五年あまりの「訓練」に当たるのが、「生きる意味」の問題の場合、「悩みぬく」ということなのです。

ただ、これは相当にきつい体験です。先生もおらず、テキストもなく、モデルになる人もいないのですから。そして、いつそこから脱け出ることができるのか、その保証もまったくないのですから。

「悩み」を自分の内面に保持して、投げ出さず、しっかりと悩みぬく。この体験は相当に厳しい体験です。しかし、この「悩みぬく」体験をやりぬくことによって、いつしか——私の場合、七年かかりましたが——その人の心身のあり方に、根本的で、かつ、持続的な「変容」が生じてきます。そしてついに、自我が破れて「真理の目覚めの体験」が訪れるのです。

そして私見では、これは、——そこまで自分を追い込むことができる人にならば——誰にでも可能なものです。というより、そこまで自分を追い込んだとき、その目覚めの体験は、誰にでも、おのずと、訪れるのです。

立脚点の転換

ここで、こんな疑問をもたれる方もいるでしょう。

人生の意味というのは、そのような長期間に及ぶ特別な体験を経なければ、知ることができないものだろうか。先の架空の対話でも若者が言っていたように、すべての人にあてはまる人生の意味であれば、そのような特殊な体験なしでも、誰でもが知ることのできるものではないだろうか、と。

ある意味ではイエスですし、ある意味ではノーです。

「答え」を言葉で知ることだけであれば、当然、誰にでもできるのです。

この本でもさまざまな人の「答え」を紹介してきましたし、これから、私の「答え」もお話しします。

ただ、これからお話しする「答え」をほんとうに理解していただくためには、やはり相当な「体験」が必要であると、私は思っています。

人生の意味や目的の問題は、「この世界」(共同現実世界)に主軸を置いて、そこからものごとを見たり感じたりする場合と、ある種の体験を経て、「この世界をその一部として含みつつも、それを超えた世界」に主軸を移し、そこに視点をおいてものごとを見る場合とでは、その答えがまったく異なってくるからです。

「この世界をその一部として含みつつも、それを超えた世界」と言いました。これは、ある人にとっては「見えない世界」と言うのがぴったりくるでしょうし、ある人にとってそれは「たましいの世界」でしょう。またある人にとってそれは「スピリチュアル・ワールド」であったり「あの世」であったりするでしょう。

ふつう人は、みなが「これが現実だ」と思っている「この世界」（共同現実世界）に主軸を置き、そこを立脚点として人生や世界を見ています。ミンデルが「コンセンサス・リアリティ（同意された現実）」と呼ぶ世界の位相であり、吉本隆明が「共同幻想」と呼んだ世界です。どれだけどっぷり社会につかっているかによっても違ってくるでしょうが、ふつう人は、ここに視座を置き、そこを立脚点として、人生や世界を眺め、意味づけ、自分の行為を決めているのです。そこでは「幸福」や「平和な家庭」「自己実現」「社会や国家の繁栄」「人類の進化」などが価値あるものとされ、それが人生の意味や目的となっています。

もちろん、これはこれでまったくかまわないのですが、およそ四分の一くらいの人は、何らかのきっかけで社会との違和感を感じ始め、脱・社会的な傾向を強めていくと思います。そして、さらにそのうちのごくわずかな人、おそらく百人に一人くらいの人は、何らかのきっかけによって、まず「脱・社会的な世界」へ、そしてさらには、それを含んで超えた「未知の世界」へと視座が移っていきます。そしてついには、人生の中心的な立脚点が「そちら」へ転換してしまう、ということが起こります。すると、人生や世界がこれまでとはまったく違って見えてくるのです。自分という存在の、重力の方向がひっくり返る、とでも表現すべきでしょうか。そうなるともう、わかる人にはわかるけれど、わからない人にはわからない、ということになってしまうのですが、人生や世界のさまざまなものごとを見る立脚点がひっくり返り、いろいろなものの意味や価値もまったく異なって見えてくるのです。

強引にたとえるならば、私たち一人ひとりの人間は「波」で、そしてそれを含んで超えたものとは「海」のようなものということになります。ここで言っているのは、「波」が「波」としての意識も保ちながら、同時に「海」の立場に立って「波」である自分自身を振り返るような視点も持つこと。そして、単に一時的にそのような意識を持つのではなくて、「波」が恒常的に「海」の立場に立ってそこから「波」自身を振り返るようになり、ついには、通常の立脚点が「海」のほうにシフトしてしまうような出来事です。

人生や世界を眺める立脚点のシフト（転換）についてお話しししていますが、これはものすごく重要なことです。個人の自己成長、内的成長、という観点から言っても、これが最大の分かれ目になるでしょうし、大げさに言えば、人類が精神的にさらなる進歩を遂げることができるかどうかは、このシフトが人類規模で、同時発生的かつ集合的になされうるかどうかにかかっている、とさえ思います。それくらい、大切なことです。

社会の枠の中で、共同現実世界を立脚点として、そこでの価値（例：幸福、自己実現、社会の平和や安定）に人生の意味を求めて生きるか。それを含んで超えた世界の側に身を置き、そこを立脚点として人生や世界を捉えるか。その違いはあまりにも大きな変化を人生にもたらすのです。

「共同現実世界の人」と「スピリチュアルな世界の人」

両者の違いを言い表すうまい言葉が見つからず、今、これを書いていて困っていますが、ここでは便宜的に、「共同現実世界の人」と「スピリチュアルな世界の人」とでも言い分けておきましょう。私は、人間には大きく分けると、この二種類の人間しかいない、と言いたいくらいです。

間違えないでいただきたいのは、「スピリチュアルな世界の人」は、「この世界の向こう側に未知の世界があり、それも大切だと思っている人」のことではありません。そんな人なら、いくらでもいるでしょう。それは「共同現実世界の人」の感じ方です。立脚点がシフトする、とは、「未知の世界」が「真の世界」であるとリアルにわかり、そこに身を置き、そこから「この世界」を見るようになる、ということです。

わかりやすく言えば、「この世界の向こう側に何か、未知の世界があるようだ」と感じるのが「共同現実世界の人」の感じ方。逆に、「未知の世界」「見えない世界」「究極の一なる世界」のほうがリアルで、それが「別の次元で姿を現したのがこの世界」と感じるのが、「スピリチュアルな世界の人」です。

ただ、ほぼすべての人は（ごくまれにいる、「天然」の方を除いて）最初はみな、「共同現実世界の人」なのです。「共同現実世界の人」は、どうやって「スピリチュアルな世界の人」に変容していくのでしょうか。その道はさまざまです。

ざっと思いつくだけでも三タイプあります。

①特定の宗教的な世界観を持つ人が、その宗派独自の「行」をおこなう。あるいは、特定の思想（実践哲学）を信じる人がそれに固有のトレーニングをおこなっていく。それによって、心身の変容が始まり、実践を積み重ねていくうちに基礎構造の根本的な変化が生じていく。最も多くのケースが当てはまる伝統的な道でしょう。口の悪い方は、臨済禅のように厳しい修行を積む宗派と、祈ったり念仏を唱えているだけの宗派を同じにしてもらっては困る、というかもしれませんが、私は「祈り」でも「念仏」でも、それを徹底すればある種の「行」となり、大きな変容をもたらしうると思っています。

②たとえば、「臨死体験」「神秘体験」「自己超越体験」「悟りの体験」などのような特殊な体験によって、スピリチュアルな世界へと開かれていく。この場合、こうした瞬間的な体験だけではほとんど大きな意味を持たない、と言っていいでしょう。もちろんきっかけとしての意味はあるでしょうが、持続的なプラクティスにつながらなければ、真の人格変容にゆきつくことはないでしょう。

③人生の意味や目的など、根本的な問題に悩み、その悩みを内面に保持して悩みぬくことが「行」としての意味を持ち、全人格的な変容をもたらす。私の場合はこれに入ります。

私が救われた瞬間

「人生の意味は、知るものではなく、目覚めるものである」と先に私は言いました。では、私の場合、どんな「人生の意味」に目覚めたのでしょうか。

いよいよ、それをお話ししましょう。

「はじめに」でも書いたように、私は、中学三年生の春から、おおよそ七年もの間、「人生の意味」を求め、いくら求めてもそれが求まらずに苦しんでいました。

「人生に意味などないのではないか」「生きていても仕方ないのでは」と悩んでいたので

はありません。もし、この人生に意味などないと思えれば、どれほど気楽に、また自由に生きることができたでしょう。なぜなら、もし意味も目的もないのであれば、どう生きたって平気なのですから。私の場合、その逆でした。

中学三年のある春の日、私は、この世界を超えたむこうに真実の世界（いわば「イデア」の世界）があることを「直観」し、それに捉えられて、逃れられなくなってしまったのです。この現実の世界では、人々は、他者からの評価を気にかけ、不安におののき、エゴにまみれている。けれど、この世を超えた向こうには、もっと確かな真実在の世界、光り輝く世界が存在しており、そこから強烈な一条の光がこの世界にまっすぐに差し込んできている。私はそのことを「直観」し、その強烈な光に、深く捉えられてしまったのです。「おまえは、何としても、真実の生き方、ほんとうの生き方をその手につかまなくてはならない。いのちをかけても、それをつかんで、それに即して生きていかなくてはならない。そして、エゴに覆われたこの世界の人々を目覚めさせ、そこに導いていかなくてはならない」――こんなメッセージに捉えられたのです。

まだ十四歳だったこのとき、私の人生は一変しました。人生のすべてがひっくり返ってしまったのです。

「ほんとうの生き方」とは何か。「この人生のほんとうの意味と目的は？」――私は、まさに死に物狂いでその「答え」を求め続けました。あの光の世界から、絶えず視線が注がれているような気がして、それに脅え、恐れおののきながら。けれども「答え」は、どれほど求めても求まりませんでした。かといって諦めることもできず、立ち往生したまま、時間ばかりが過ぎていきました。

三年、五年、七年……。周囲の時間は流れていくのに、私の時間だけは止まったまま。心身はボロボロになり、生きている心地はしない。生きることも死ぬことも許されず、ただ屍《しかばね》のように生きる毎日。私は窮地に立たされ、崩壊していったのです。

誰かに、そっと殺してほしい。自分の意思ではなく、誰か他の人の手で、あるいは偶然の力で、苦しむことなくひっそり静かに死ぬことができれば、どんなにいいだろう。

そんな思いで生きていたある日のこと、私はついに決意したのです。

もうこのままでは仕方がない。これから三日間、飲まず食わず寝ずで、本気で「答え」を求めよう。そしてそれでもダメだったら、今度こそきっぱり死のう、と。

三日後……「答え」は見つかりませんでした。

「ああ、これですべては終わった。もう、どうにでもなれ」――心身とも疲労の極限に達していた私は、ふと魔が差して、それまで七年間も一人で抱え続け、苦しみ続けてきたその問いを、突然放り出してしまったのです。

もう、どうにでもなれ。

けれども、何ということでしょう。その瞬間、「答え」はやってきたのです。「もう、どうにでもなれ」とすべてを投げ出し、朽ち果て倒れたはずの私がそこに見たのは、なぜか倒れることも崩れ落ちることもなく、立つことができていた自分の姿だったのです。

「人生の本当の意味と目的とは何か」「そのためにどう生きればいいのか」——私はそれまで、この問いの答えを手にすることができなければ、生きていくことは許されないと思っていました。だからこそ私は、どれほど追い詰められ、どれほど苦しくても、その問いを問い続けてきたのです。

しかし今、こうしてついに力尽き、問いを放り出した後でも、何ら倒れることなく、私は立つことができている。しかも驚くべきことに、その立ち方というのが、通常「自分が立つ」という場合の立ち方ではない。「私が立つ」という立ち方ではない。すべてを投げ出した私の全身からは、既にいっさいの力が抜け落ちている。にもかかわらず、こうして私が立っていられるのは、決して私ではない「何かほかの力」「何かほかのはたらき」によって私は立っていられるということだ。この驚くべき真実に、私はこの時、目覚めたのです。

究極のリアリティ

もっと具体的に説明しましょう。

「もう、どうにでもなれ」。心身の疲労が限界にきていた私は、なかば魔が差したのも手伝って、実際に、その場に倒れこんだのです。うつぶせに。けれど、何かが、いつもと違う……。からだがとても軽いのです。不思議だな、と思って、あおむけになってみると、横たわった私の、おなかのあたりの、ちょうど一メートルほど上の位置でしょうか、そのあたりに、何かとても強烈な「エネルギーのうず」のようなものが見えたのです。

「ああああぁ……」。言葉に、なりませんでした。

けれども、なぜだか見たとたん、わかったのです。「これが私の本体である」と。ふだんこれが自分だと思っていた自分は、単なる仮の自分で、むしろその「エネルギーのうず」こそが、自分の本体だ。疑うことなく、そう思えたのです。

「何だ、そうだったのか」。その瞬間、すべてがわかりました。私は何であり、これから私がどうしていけばいいのか、も。

私は、そのときそこに、思いがけずも「答え」を見たのです。真理を「知った」のではなく、「見た」。「あぁぁ……」と驚きのあまり口を開けつつ、そこに「真理」が現成《げんじょう》し、立ち現れるのを、ただ「見た」のです。

その「エネルギーのうず」は、ときには私と一体化し、ときには私の頭上に場所を移して、今も私を導いてくれています。

しかし、この私の本体を、私の自我を含んで超えたこの「エネルギー」そのものを、私はいったい、どんな言葉で説明することができるのでしょうか。

それは、言語を絶したリアリティ。もう「これ」と言うことしかできない。それ以上遡って説明したり、何かを付け足してしまうとすべて嘘になってしまいそうな、このリアリティ。その前では、押し黙って、立ち尽くすしかないこの究極のリアリティ。

「あぁ、これ」と、直に指し示すことはできるけれど、そうすることしかできない「はたらきそのもの」。これ以上、遡って説明することができない。いや、体験した人には、遡っての説明などまったく不要であることが即座にわかる、この究極のリアリティ。

この「最も確かなもの」と私は、直接出会った。そこですべてが終わったのです。

いのちのはたらきに目覚める

本を書いているのに「言葉にならない」とばかり言っていては、話になりません。

それは、あえて名前を付けるとすれば、「いのちのはたらき」とでも呼ぶよりほかかないような何か、です。いのちという言葉を使うことで加わる、ある種のニュアンスを避けるとすれば、「エネルギー自体」とか「はたらきそのもの」というほかないでしょう。

いずれにせよ、私はこの「はたらき」に目覚めた。そして救われたのです。

この「はたらき」は、天然自然。意味無意味を超えた「いのちのはたらき」です。その意味でそれは、超・意味です。またそれは、意味があるとかないとかいう観念的な意味づけに先立って、ずっと前からそこではたらいていたものです。その意味でそれは、前・意味であり、脱・意味であると言うこともできるでしょう。

この「はたらきそのもの」について語るとき、忘れてはならないのは、その「つねに、そしてすでに」という性質です。

この瞬間に、私ははじめてこの「はたらき」が、うずを巻いて現成したのを見たけれど、実はそれは、ずっと前からそこにあった。あったどころか、私が生まれてからこの方、いつもずっと、私を成り立たしめてくれた当のものであったのです。

私はそれまで、自分がどう生きるべきかと悩むのに忙しくて、それに気づかずにきたけれど、このはたらきは、実は、ずっと前からつねにすでに与えられており、私を生かし、私をあらしめ、私を成り立たしめてきていた、ということ。つまりこの「はたらき」こそ私の真実の主体であり、この「はたらき」がそれ自体ではたらいているからこそ、それによって、私も立っていられるのだということ。むしろ「私」は、このはたらきの一つの形にすぎない、ということ。

みずからの存在の根底において、つねにすでに成り立っているこの真実に、私はこの時目覚めたのです。と同時に即座に、私の思い悩みは消え去りました。答えが与えられて、悩みが解決したのではありません。思い悩む必要がなくなって、悩みそれ自体が消え去っていったのです。

私のなすべきことはただ一つ。この「はたらき」そのものをじゅうぶんに生きること。「はたらき」そのものに目覚めて、生きること。それが人間の、生きる意味であり目的であることが、直ちにわかったのです。

特別なことではない

私の体験を何か特別なことのように感じる方もおられるかもしれません。宗教団体をつくったほうがいいのでは、と言われる方もおられます。

しかし、講演などで、こうした私の体験をお話しすると、何人もの方から「私も、似たような体験があります」とお聞きすることがよくあるのです。

お聞きすると、やはりその方も、ご自分の病気や、家族の看病の大変さ、お金のこと、家庭の不和などの問題に苦しんだことがおありです。「私が何とかしなくては」とすべてを背負い込み、自分を責めて、責めて、責め続けて、そして何度も自殺を決意しかけたことがある。

けれどそんな時ふと、やはり魔が差したかのように、「もういいや。こうなったらもう、どうにでもなってしまえ」と、自分をぽーんと、投げ出してしまった。

するとなぜかそこで、大切な気づきが生じる。自分が生きているのではない。何か大きな大河の流れのような「いのちのはたらき」そのものが生きているのであって、「この私」などはそのはたらきのごくわずかな断片にすぎないことに気づく。そしてそれに気づくと、「私の悩み」なんてものはあまりにちっぽけで、途端にもうどうでもいいことのように思えてくる。それでまた「とりあえず、生きてみようか」という気持ちになってくる。

私がしたのと同じような、そんな体験を、案外多くの人がしているようなのです。

絶体絶命のところまで追い込まれた人がそのまま駄目になるか、「まあ、生きてみようか」と思えるか。その分かれ目は、こうして、自分の悩みへの執着・こだわりを「手放す」ことができるかどうか。そこにかかっているのかもしれません。

体験の普遍性

そして、こんなふうにいろいろな人の似たような体験をお聞きしていると、そこにはある種の共通性・普遍性が存在するのではないか、と思えてきました。

それはそうでしょう。私が体験した「真理」は、私が作ったものではなく、あくまで「私を通して」現れてきたものだからです。もちろんそれは、私を通して形を得、私を通して語られ言語化されたものである以上、私個人の色合いを帯びたものになるのは当然です。しかし、それでもやはり、それは「私が」語ったものではない。「真理」が直接現成し、私を訪れた。私はただ、それを言語化しただけなのです。

その意味で、人間はただ、「真理」が現成する「器」にすぎません。「真理」をこの現実社会とつなぐ「手段」であり「道具」であり「媒体」にすぎないのです。

それは、あえてたとえれば、仏陀をはじめとした多くの仏教の修行者が、さまざまな相違はありながらも本質的には同じような修行を通じて、同じような認識に達した（玄侑宗久『死んだらどうなるの？』）のと同じようなことが言えると思うのです。

人生の真理、体験的な真理を追い求める人は、ある意味でみな、自分自身が最高の実験道具です。その意味で、人生の意味や目的を真剣に探究し続けているすべての人はみな、経験科学者と言えるでしょう。

実際、その後、さまざまな文献を読んでいくうちにわかってきたことは、この「はたらき」は、私一人が発見したものではなく、多くの宗教家がそれに目覚めた人間存在の普遍的真理であったということでした。

真理を追い求める行程はいずれどうしようもない行き詰まりにぶちあたります。この苦悩の極限において、自らの安定を図る自我が削り取られ朽ち果てて、「いのちのはたらき」に目覚める。そしてそれこそ自分の真実の主体である、と知る。こうした目覚めの体験、覚醒体験が、洋の東西を問わず、さまざまな宗教の根源にあると思うのです。

たとえば使徒パウロ。パウロはかつての「律法主義者としての私」(自我)の死を経た後、自らの根底における「いのちのはたらき」に目覚めて生まれ変わりました。そしてそれを「キリスト」と呼んだのです。「私は律法主義的努力を通ってついに律法に対して死んだ。神に対して生きるためである。私はキリストと共に十字架につけられた。もはや生きているのは私ではない。私の中でキリストが生きているのだ」(『新約聖書』ガラテア書二・十九〜二十)。

あるいは、禅の臨済宗の「一無位の真人《しんにん》」の話。切れば赤い血の出る肉体の中に、仏とも衆生ともつかない一人の真実の人間(無位の真人)がいる。そしてそれはいつも私たちの面門、つまり目や鼻といった感覚器官を通していきいきと働いている。その「真人」をまだ自覚していない者、心眼を開いて見ていない者は、見よ見よ、という話。この無位の真人もやはり形なき「いのちのはたらき」にほかならないのでしょう。

「絶対主体道」の立場から「覚の宗教」を唱えた久松真一は、この一切の形なき自己のはたらきを「無想の自己」と呼び、滝沢克己はそれを神と人との「第一義の接触」と呼びました。また、これらを批判的に継承した八木誠一の宗教的実存論は、自我とその根底のはたらきの区別及び両者の関係についてきわめて的確かつ精緻に理論化しえています。

ほかにも調べれば、いくらでもあるでしょう。

私の場合、宗教の修行をしたわけではなく、ただ悩んだだけですが、自我が強固な人間が、病理に走ることなく、七年もの間、あえてギリギリまで自分を追い込むことを通して、「自我の破れ」と「私における真理の現成」という、修行者と似た体験に達した、と思われるのです。

人生のほんとうの意味、ほんとうの目的とは何か、とどこまでも求めぬいた七年間の苦行のような体験において、自我は消耗し尽くし、削り取られ、一方実存の根底の「いのちのはたらき」は活性化していたのでしょう。疲れ果てた私が、つい魔が差してあの問いから目を放した瞬間、それと同時に「いのちのはたらき」に意識が向き、それに目覚めることができたのも自然な成り行きだったのです。

いのちが、私している

先ほど、多くの人が私と同じような体験をしている、と申し上げました。

これは事実なのですが、もちろん、その深さや徹底性、そしてその体験の自覚化と言語化の精度などにおいて、大きな違いがあることもたしかです。

私よりも極めた体験をされている方は、たくさんおられます。もし本書の読者の中に、そうした方がおられたら、私のことを「この人はまだまだ甘いな」と思っておられるでしょう。

それはじゅうぶん、自覚しております。ただ、この体験の深さ、という点からみると、大きな分かれ道は、すでにお話しした「立脚点のシフト」にあるように思います。

よく「私は、大いなるものに生かされている」といった言い方がなされます。

もちろん、これはこれで重要な真実を突いているのですが、これはまだ立脚点が「私（自我）」の側にある表現です。「この現実の向こうに、それを超えた、大きないのちがあって、それに私たちは生かされているのだ。ありがたい」というわけです。

しかし、体験が深まり、意識水準が深まっていくと、立脚点のシフト（転換）が起こります。つまり、「私」の側に立って、「私は生かされている」と捉えるのではなく、「いのちのはたらき」の側から、そこに視点を置いて物事を見るようになるのです。

すると、どうなるでしょうか。

この地点から見れば、もはや「私が生きている」とは言えません。私が生きている、「私がいのちを持っている」のではない。生きているのは「いのちのはたらき」そのものであって、むしろ逆に「いのちが、私している」。「いのちのはたらき」がまずあって、それがあちらでは「花」という形、こちらでは「草木」という形、あそこでは「鳥」という形をとっている。その同じ「いのちのはたらき」が、今・ここでは「この私」という形をとっている。

この空も、あの海も、今、私の眼前にあるあの山も、むこうから聞こえてくる鳥の鳴き声も、野原でひっそりと咲いている花も、そしてもちろんこの私も、すべてはもともと一つである「いのちのはたらき」がとった異なる形なのです。

つまり、「いのちのはたらき」が、ある時は「私という形」をとり、またある時は「花という形」をとる。私の肉体は死によって消えてしまうけれど、私を私たらしめている「いのちのはたらき」はもともとあり、またいつまでもある。不生不滅のはたらきが、ある時は「私する」し、ある時は「花する」。またある時は「鳥する」。次々と変転万化し、異なる形をとっていく。そんなふうに見ることができます。

これは、この世界のすべてのものは——意識水準が深まり、立脚点が「はたらき」の相にシフトしていくにつれて――「ひとつ」につながっており、「ひとつのいのちのはたらき」を分け合っている、という仕方で「見えてくる」ことでもあります。目の前のこの花のいのち、草木のいのち、そして、あそこであくびをしている猫のいのち、私のいのち……これらは、目には見えないけれどつねに、そしてすでにはたらいている「ひとつのいのちのはたらき」の現れである。この世界の万物は、「ひとつの同じいのちのはたらき」の現れである以上、当然ながら、すべてつながっている。そして、たしかにすべてはつながっており、もともと「ひとつの同じはたらき」の現れであるけれども、しかし同時にそれらは（決してバラバラになったのではなく）「区別できる形で」姿を現している。意識水準が深まり、「はたらき」の相に着目するようになるにつれて、そのように世界が「見えてくる」のです。

意識水準が深まるにつれて

体験が深まり、意識水準が深まっていくと、立脚点のシフト（転換）が生じ、それにつれて物事が異なる水準においてその実相を露《あらわ》にしてくる。このことはきわめて重要ですので、もう少し説明しましょう。

物事をただ、虚心に見つめる。表面的な現れにとらわれることなく、その実相をつかもうとする。自らの意識水準をさまざまに変容させながら。するとそこで明らかになってくるのは、一切が個物として分かたれているのは、意識をこの「同意を得た現実（コンセンサス・リアリティ）」の次元に置いている限りでのことであって、私たちが意識水準を深め、より深い立脚点に立ち、そこから世界を眺めたとするならば、すべては違った様相を見せてくる。日常的な意識水準では見えなくなっている、そのより深い相においては、個物はいまだ完全には分かたれておらず、たとえば夜見る夢の中でしばしば主体と客体が入れ替わるのと同じように、私はあなたであり、あなたは私である。そして、意識の水準が極限まで深められたその地点（井筒俊彦ふうに言えば「意識のゼロポイント」）においては、もはや、「すべてのいのちは本来ひとつである」という「ひとつ」の相がありありと浮かび上がってくるのです。

この意識水準において、私たちはようやく気づくのです。この世界の万物は、そのそものはじめから、つねに、そしてすでに、したがってまさに今・ここにおいても同じように、「ひとつの同じいのちのはたらき」の異なる現れでしかなかったのだ、ということに。そして、この世界の万物は、そのようにして、その見える相が見えない相を映し出し、また同時に、見えない相が見える相を映し出してもいる、という二重の構造になっている、ということに。

トランスパーソナル心理学とは、万物をただその見かけの相において見るのでなく、より深い意識水準においてのみ姿を見せるその相においても同時に見ようとする、意識の訓練法なのだということもできるでしょう。

ここでずっと「いのち」という言葉を使ってきたことに違和感をお持ちの方もおられるかもしれません。「いのちのはたらき」ではしっくりこない、と。

私も、この言葉にこだわりはありません。「はたらき」そのもの、といってもいいし、「エネルギー」「本体」といった表現をしてもいいでしょう。「空《くう》」と言うこともできるでしょうし、前述のウイルバーにならって「究極の一者」「存在」「スピリット」と言うこともできるでしょう。

したがって、いのちが、私している。はたらきが、私している。存在が、私している。たましいが、私している。空が、私している。エネルギーが私している。スピリットが私している。……どう言ってもかまいません。

要するにそれは、あらゆる「形」から抜け出し、一切の「形」をとらず、したがって捉えることのできない、その、究極の「何か」。「宇宙に遍在する生命エネルギー」「いのちのはたらきそのもの」とでも言うほかない「何か」。言葉にした途端、スルリとそこから脱け出てしまう「何か」。そして、死の瞬間に私たちがそこに戻っていくのであろう、その「何か」。この「何か」に立脚点がシフトし、そこからものを見ることが大切なのです。

そのとき、アイデンティティの百八十度の転回が生じます。「私とは誰か」という定義がひっくり返されてしまうのです。「ほんとうの生き方」を極限まで問い求めぬき、ついにその問いそのものが破れる瞬間に到来する究極の変容体験です。

「見える世界」と「見えない世界」の二重構造

「人生の意味」を求めぬく問いが破れた瞬間、私たちは、それまで自分がたずね求めてきた問いの答えが、どこか遠くにではなく、実は自分自身の足下にあるということに気づきます。しかもそれは、そのときはじめて与えられたものではなく、私たちがこの問いを問い始めるずっと以前から、「つねにすでに」そこにあった、ということに気づくのです。

この世界の一切が等しくそれである、この「いのちのはたらき」。その「はたらき」そのものがまずあって、それがある時は「花する」し、ある時は「鳥する」し、またある時は「私する」。そんなふうに次々と変転万化、異なる形をとっていくけれど、おおもとの「はたらき」そのものは不生不滅、生まれることも滅びることもなくずっとあり、もともと「ひとつ」なのだ、と私は言いました。

この世界、この宇宙の万物は、どんな形にもならない「はたらきそのもの」がとったさまざまな「形」＝「仮の姿」であって、そのおおもとの「はたらき」のところでは、宇宙のすべては「つながっている」……というより、「ひとつ」なのです。

この「ひとつ」の相においては、「花」も「鳥」も「人間」もありません。道端に転がっている「石ころ」だってかまいません。すべては「つながって」いて、もともと同じ「ひとつのはたらきそのもの」である。そこでは、さまざまな具体的な「形」のすべてが消え去り、どんな「違い」も消え去ってしまうのです。そしてまた、この世界の万物の形は、ただそのままでその見えない相を映し出しており、また同時に、その見えない相もまた、その見える相を映し出してもいる。そんな二重の構造になっているのです。

これをうまく説明しているのが、物理学者デヴィッド・ボームが提唱した「ホログラフィー宇宙モデル」です。それによれば、この宇宙は、「目に見える次元」の物質的な宇宙(明在系＝イクスプリケイト・オーダー)と、もう一つの「見えない次元」の宇宙(暗在系＝インプリケイト・オーダー)との二重構造になっています。そして「見えない次元」の宇宙(暗在系)には、あらゆる物質、精神、時間、空間などがたたみこまれていて分かちがたく「ひとつ」になっている。「見える次元」ではバラバラに見える石もビルも鳥も人間も、「見えない次元」(暗在系)ではすべて溶け合っていて「ひとつ」である。それどころか、私はあなたであり、彼や彼女であり、同時に花であり、鳥であり、ビルである。月であり太陽であり宇宙でもある。つまり、原子以下の素粒子のレベルに着目すれば、あらゆる物質は「どこにも存在していない」とも言えるし、「あらゆるところに存在している」とも言える非局在的（ノン・ローカリティー）な「霧」のようなものであって、物質も精神も「エネルギー」としてたたみこまれている、と言うのです。

では、私たちのこのからだとか、目に見える物質とは何なのか。ボームによれば素粒子は、「見えない次元」（暗在系）と「見える次元」（明在系）のあいだを絶えず行ったり来たりしており、ある「意味の場」があるところではそれに従ってまとまりのある「形」をなし、目に見えるようになる。たとえばここにコップがあるとすると、そこにはコップという「意味の場」が存在していて、素粒子がそれにしたがって秩序立った動きをすることによってコップが形づくられる、とボームは考えるのです。

いかがでしょう。私は先に、おおもとの「いのちのはたらき」そのものがまずあって、それがある時は「花する」し、ある時は「鳥する」し、またある時は「私する」、そんなふうに次々と変転万化し、異なる形をとっていく、と言いました。この「いのちのはたらき」はまさしく、ここでボームが言う「暗在系＝インプリケイト・オーダー」の次元のことであって、それがある時は「花する」し、ある時は「私する」のは、「明在系＝イクスプリケイト・オーダー」の次元のことであると言えないでしょうか。

私がこのことを知ったのは、ソニーの犬型ロボットの開発者であり、トランスパーソナル心理学にも造詣の深い天外伺朗さんの一連の著作を通してです（天外伺朗・茂木健一郎『意識は科学で解き明かせるか』講談社ブルーバックス、ほか）。

また、さらに最近では、あらゆるエネルギーの源として、通常のエネルギーが消滅した「ゼロ・ポイント・フィールド」が想定され、宇宙やそこにおけるあらゆる存在はこの限りない量子真空（ゼロ・ポイント・フィールド）というにぎやかな海に浮かんでいるようなものだと考えられています。あらゆる存在は時空を超えて、このゼロ・ポイント・フィールドでつながっている、というわけです。

どこからも来ないし、どこへも行かない

興味深いのは、天外さんが、一切が分離不可能で「ひとつ」であるような、この「見えない次元」のことを「あの世」と呼んでいることです。人間は死んだら、この世界のむこうの、どこか遠いところにある天国か地獄に行くとイメージされていますが、実は死んでも、そのようなどこか遠くに行くのではなく「見える次元」（明在系）での形を失って、「見えない次元」（暗在系）に帰っていくだけなのだという捉え方ができるわけです。しかも「見えない次元」（暗在系）では、非局在的であり、時間も空間もないわけですから、近

くも遠くもないわけです。

いや、そうではありません。私はつい、死んだら「見える次元」(明在系)から「見えない次元」(暗在系)に帰っていく、などと言ってしまいましたが、正しくは、両者はお互いがお互いを映し合う鏡のような関係にあり、そこには時間的な経過はないのです。私たちは、明在系では、目に見える形をとっていながら、暗在系では、そのような目に見える形を一切持たない「霧」のようなエネルギーなのです。このことを「あの世」「この世」という言い方を借りるとすると、どうでしょう。私たちはつねに、「あの世」にいながらにして「この世」におり、「この世」にいながらにして「あの世」にいる、ということができるのです。

じつは、このことをうまく言い当てているのが仏教哲学です。たとえば『般若心経』では、よく知られた「色即是空」という言葉があります。これは、「色《しき》」、つまり、この世の形あるものの一切は実は、どれも等しく、それ自体でいかなる実体も持たずあらゆる形を脱した「空《くう》」である、と言っているわけですが、同時に「空即是色」とも言われており、その逆もまた真なり。つまり、「色＝この世界の一切」は、そのままで「空」という究極のリアリティを映し出した鏡のようなものだ、というわけです。

こうして、「色＝明在系＝この世」と「空＝暗在系＝あの世」とは二重構造をなしていて、お互いがお互いを映し出す鏡のような関係にある、と考えられているのです。

そして、やはり宗教哲学でよく使われる表現をすれば、この「二重の世界」のあいだには「不可分・不可同・不可逆」という関係が成立しています。つまり両者は「不可分」(二つの次元は表裏をなしていて一つであり、分けることができない)であり、「不可同」(しかし厳然とその違いはあり)、「不可逆」(「空＝暗在系＝はたらき」がもとであり、それが形あるものとして現れる、という関係を逆転させることはできない)という関係にあるのです。

さて、大切なのは、こういったことを知識として知ることではなく、それを生きることです。この世界での形あるものに心をこめて取り組みながら、同時にそれは、形なき空であり、すべてが一つにつながっている「はたらき」の顕現でもあるという、二重の視点を同時に持って生きることです。

そんなふうに生きることができたとしましょう。すると、何が違ってくるでしょうか。

まず、生死の問題はどうなるでしょう。

「私たちは、(生まれる前)どこから来て、(死んだ後)どこへ行くのか」とよく言われますが、この問いに、一切が一つである「いのちのはたらき」の相(空＝暗在系の次元)に立脚点を置いて答えるとどうなるでしょうか。

こう答えることができるのではないでしょうか。

「どこからも来ないし、どこへも行かない」と。

この現実世界を立脚点とすると、私たちは、いずれ跡形もなく消え去る、はかない存在です。しかし、「空＝暗在系の次元」に立脚点を置くならば、私たちは最初からそこにいるし、ずっとそこにいる。だからどこへも行かないのだ、と言うことができます。

また、こうも答えることができるでしょう。

「生まれていないから、死にもしない」と。

色（明在系）の次元では、私たちの肉体は死によって消えてしまうけれど、私たちを私たちたらしめている「いのちのはたらき」は「不生不滅」と言われるように、もともとあり、またいつまでもある。だから、生まれることもなければ、死ぬこともない、のです。

単なる詭弁ではありません。体験が深まり、立脚点のシフト（転換）を日常においても実感することができるようになれば、私たちはこのことを実感として感じながら、日々を生きることができるようになるのです。

世界のすべては意味に満ち溢れている

「人生の意味とは何か」。この問いを極限まで問うていき、ついに問う主体である自我それ自体が破れた時、「いのちのはたらき」に目覚めるのだ、と私は言いました。人生のほんとうの意味はこれでもない、あれでもないと否定し、切り捨てていき、ついに、私の本体はこの「いのちのはたらき」であると目覚める。さらにはそればかりか、この世界の一切は「いのちのはたらき」の顕現であることにありありと目覚めていく。この探究の道は、上昇道とか否定道と呼ばれるものです。『般若心経』で言えば「色即是空」に当たる道です。

しかしこうして上昇の道を昇りつめ、その極限において究極の真実＝「はたらきそのもの」に目覚めた後、人は日常世界への下降の道をたどり始めます。このとき、この世界のすべては、あの究極のリアリティ＝「いのちのはたらき」そのものの顕現であることが実感されていきます。

ただ無邪気にはしゃぐ、わが子の笑顔。
朝目覚めた時に聞こえる、小鳥のさえずり。
地平線に消え往く夕日の美しさ。
愛する人のやさしさと、あのまなざし。
こんがり焼けた一枚のトーストと一杯のコーヒー……。
あぁ、この世界は、ただこのままで、何と完璧なのでしょうか。

このとき、私たちは「生きる意味」を「味わって」いるのです。

「いのちのはたらき」に目覚める瞬間、この「はたらき」は、意味無意味を超えたはたらきであることがわかります。カラン！　と音がする。それはただ、それだけのことなのです。意味無意味をふっとばし、すべてを空っぽにする力を、天然自然の「いのちのはたらき」は持っています。私たちは、それに目覚めるのです。

しかし、すべてはこの「はたらき」の顕現である、という真理に目覚めたあと、その目覚めを保ちながら日々を心を込めて生きていくとき、「意味の実感」が戻ってきます。一つ一つの物事が意味に満ち満ちていることを実感するようになるのです。

この世界は、ただこのままで、これほど味わい深いのだ。そのことにこれまで気づけずにきたなんて、なんという愚かなこと！　この世界はただこのままで、意味に満ち溢れている！　部分に意味があって、全体に意味がないなどということがあるでしょうか。

日々これ、公案

しかし、喜んでばかりもいられません。日常の現実においては、悩ましい問題が次から次へ、目まぐるしく襲ってきます。フランクルも言うように、私たちが直面する日々の状況は、その都度、私たちに「問い」を発してきているのです。

私の友人の博報堂のプロデューサー中野民夫さんは、東大の宗教学出身ですが、学問や宗教の世界で道をきわめるより、日々困難な問題に直面しているビジネスの世界で悟りを開いてこそ本物！　と、自らビジネスマンになり、「ネクタイ菩薩」となる道を歩んでいる方です。

しかし彼も言うように、現実は難しい。答えを出すことができない悩ましい問題を毎日のように突きつけられている方も少なくないでしょう。

あぁ、日々これ、公案。

ただ現代の社会情勢、世界情勢を目の当たりにしていると、私たちはただ手をこまねいているわけにいかないのも確かです。ブッシュが再選を果たしたとき、世界中のどれだけの人が、絶望のため息をもらしたことか！　世界は、問題が山積みなのです。

「世界の危機に立ち向かう力なんて、私にはありません」――そんなふうに思われる方も多いでしょう。

しかし、『2ちゃんねる』での書き込みが、ベストセラーになる時代なのです。

多くの人が、見えない壁の前で意欲を失っている。けれど、何もできない人なんて、実はこの世界に一人もいない。現代は、そんな時代なのです。

隠れたミッション

日々の状況に直面する中で、私たちの心には、いくつもの「断片的な、小さな意味の物語」が蓄積されていきます。そしてそんな無数の「小さな物語」がいつの間にか、「全体としてまとまりのある意味の物語」へと形作られていきます。自分だけの「人生の意味の物語」が紡がれていくのです。

人は、「意味の物語」なしに生きていくことはできません。たしかに「私の人生には、こんな意味がある」と「意味の物語」にこだわりすぎ、縛られてしまっては、不自由な生き方しかできずに窮屈になってしまいます。けれどもやはり、「意味の物語」なしでは、人は生きる力を振り絞ることができません。ここが人生の難しいところです。

みなさんは、どのような「意味の物語」をお持ちでしょうか。

私は、人生にはどこか、つねに「未完成のシナリオ」を演じているようなところがあると思っています。

すべての人には、その人だけの「隠れた使命（ミッション）」が与えられている。人は、自分だけに与えられた「ほんとうの人生＝見えないシナリオ」を生き現実化するために、この世に生まれてきた。その「見えないシナリオ」はつねに未完成で、その人に発見され実現されるのを「待っている」。そう思うのです。

「見えないシナリオ」は、絶えず私たちに問い（要請）を発してきています。「私を発見して、最後まで完成させるのだ。おまえは、そのために生まれてきたのだから」と。

そして見事、この任務を果たし終えた時、私たちはすべてのいのちの故郷である「見えない世界」へ帰っていくのです。「見えない世界」からこの世に送られてきて、そこで託された使命を果たし終えたなら、再び「見えない世界」へと帰っていく。私たちはそんな存在なのだ、と私は思っています。

しかし、死はすべての終わりではありません。読み解かれ上演されることのなかった「シナリオ」は、未完のまま放置され、その機会は永遠に失われますが、一方、読み解かれ実現された「人生のシナリオ」は永遠に刻まれ続けるのです。

三つの「答え」

人生の意味の問題に対する私の「答え」、おわかりいただけたでしょうか。

念のため、本章の冒頭に登場したあの若者が、今の私の年齢に達した架空の場面を想像して、この章を締めくくりたいと思います。

A君「先生、あれから二十四年が経って、私ももう、四十一になりました。今こそ教えてください。先生の〝答え〟を」

私「いいでしょう。答えましょう。

人は何のために生きるのか。人生のほんとうの意味と目的は何か。答えは、三つあります。

一つ、〝人生のほんとうの意味と目的〟をどこまでも探し求め続けるため。最後まで、求めぬくため。

二つ、その極限において、究極のリアリティである〝いのちのはたらき〟に目覚めるため。そして、この私も、ほかならないその〝はたらき〟がとった一つの形であることに――〝いのちが私している〟という真理に――目覚めて生きるため。

三つ、今あなたが置かれている状況からの日々の問いかけに応え、あなたの人生に与えられた使命を果たし、〝未完のシナリオ〟を完成させていくため。

そうすれば、あなたの魂は途絶えることなく成長し続け、あなたの行為は、不朽の業績として永遠の座標軸に刻まれ続けることでしょう」

おわりに

十四歳の苦悩

すでに書きましたが、私自身、「人生の意味と目的」について、かなり長い間真剣に悩んでいました。十代の半ばから二十代にかけて、ずっとずっと、片時も忘れることがないくらい、考え続けてきたのです。

私はなぜ、「人生の意味と目的」について、取り憑かれたかのように考え続けたのでしょうか。

学問上の興味関心からではありません。

ただ自分が「生きるため」、そのために、心の底から納得できる「答え」を、ずっとずっと求め続けたのです。

それは、ほんとうに、いのちがけでした。

「ほんとうの人生」が見つからなければ、生きていても仕方がない。自分を偽りながら生きるくらいなら、死んでしまったほうがまだましだ。心の底から納得できる「答え」が見つかるまでは、自分の人生の時間を停止しておかなくてはならない。私は、そんな悲壮な決意をしたのです。

その瞬間、私の人生のすべてが変わりはじめました。人生のベクトルが、百八十度転回し始めたのです。

しかし、それから困りました。「こう生きればいい」と思える思想も理論も、「この人のように生きたい」と心底思える人も、どれほど探しても、まったく見当たらなかったからです。当時十四歳だった私には、頼るべき思想も、身を委ねることのできる人もありませんでした。

周囲の人を信じることもできませんでした。みんな、どこかで「まぁ、こういうことにしておこう」と妥協して、お互いを守りあいベタッと馴れ合っているようにしか見えなかったのです。

こうして十四歳の私は、ただ一人、世界という荒野に放り出されました。そして、「答え」が見つからなければ、自分は生きるに値しない、いや、生きてはならない、という切羽詰まったところに追い込まれながら、すべてをなげうってこの問いを問うことだけをしてきたのです。何年も、何年も……。

私は精神的に相当、タフだったのでしょう。

今考えれば、十代のころにあれほど追い込まれて、よく精神の病が発症しなかったものだと思います。ただ、症状が出ない分、そこに逃げることもできず、ますます「人生の意味の問い」と正面から向き合わざるをえなくなりました。逃げ場がなくなった私は、ますます窮地に追い込まれていきました。

「真理」はおのずと語り出す

その状態は結局、七年あまりも続いていきました。そしてその結果、私はようやく、本書に書いたある「答え」にたどり着くことができたのです。

しかもその「答え」は、苦し紛れに自分で考え出したり、ないものをあることにして、捻《ひね》り出したものではありません。

この苦しみの極限において、「もうだめだ」「死ぬしかない」と観念し、すべてを放り投げたその瞬間に、「答え」はおのずと与えられました。

「答え」は突然、「やってきた」のです。

ある時突然、「答え」のほうから私に、直接、語りかけてきました。むこうから直接、語りかけてきたのです。

私は驚き、唖然としました。そしてただ、私に送られてくるその「答え」をひたすら聞き取ったのです。

これは何も、霊的な体験でもなければ、神秘体験でもありません。

七年も同じ状態にとどまり、人生の意味を問い続けたことによって、私の身体が変容を遂げていたのだろうと思います。七年も一つの問いをひたすら問い続けたことが、結果的にある種の「行」としてはたらき、私の身体を変容させたのでしょう。私は、すべてを観念し投げ出したときに、ようやくみずからの身体の変容に気づくことができました。そのとき、私の変容した身体を場として、真理が直接、語り始めたのです。

神秘体験好きの読者の方なら、こう言いたくなるかもしれません。

「先生は、長い長い苦しみの末に、神の声を直接聞かれたんですよ。なのになぜそうおっしゃらないんですか。先生はやっぱり、学者さんだから、宗教家か霊能者みたいに見られて、学問の世界で信用を落としたくないんですよね」

そうではありません。私にとって、自分の感得した真実を伝えることに比べれば、学者としての信頼うんぬんなど、何でもありません。

もし私が、教祖になりたいのであれば、自分の体験を「神の声を聞いた」「神からのメッセージが送られてきた」と解釈すればいいのかもしれません。けれど私は、教祖になりたいわけではありません。

私が求めているもの、それは、一人ひとりが自分の体験を通して直接真理の声を聞くことができる、そんな体験的な方法を伝えていくことです。

探し求めぬけ

いったいなぜ、こういった困難が生じるのでしょうか。それは、ことがらの特殊性によるものです。

教科書に載っているような一般的な知識であれば、言葉で直接説明すれば、伝わるでしょう。そこには、伝える知識の性質と、その伝え方との間に何のねじれもないからです。けれど、「人生の意味や目的」とか、「ほんとうの生き方」といったことがらは、そのような直接的な仕方で伝えることのできるものではありません。

少しでも話をわかりやすくするために、もう一度確認しておきましょう。

第7章「私の答え」で、私は次のようなことを言いました。

「人生には、ほんとうの意味と目的があります。

人がそのために生まれ、そのために日々の人生を生き、そして死んでいくような〝人生のほんとうの意味と目的〟――それは確かにあるのです。

しかも、その〝人生のほんとうの意味と目的〟を手にするために、あなたは、いかなる思想も宗教も信じる必要はありません。

それを手にするために、あなたがしなくてはならないこと。それはただ、死に物狂いで、自分自身で〝人生の意味と目的〟を探し求めること。あなたが心の底から求める何かをひたすら懸命に求め続けること。そしてその際、〝自分の経験〟だけを、〝自分自身のこころの声〟だけを信じ続けること。そのことだけなのです」

体験的な真理

少しだけ説明しましょう。

人生のほんとうの意味と目的。それを私たちは、言葉（概念）で知ることはできません。「人生の意味とは、これこれですよ」と言葉で語ってもらうことはできません。正確に言うと、もちろん言葉で語ることはできますが、それではほんとうには伝わりません。私たちの苦悩を解消する力を持つ知識にはならないのです。

人生のほんとうの意味と目的。それは（私が「自我の破れ」と呼ぶ）ある状態においてだけ得ることができる「体験的な真理」なのです。

「体験的な真理」は、わかろうとしてわかるものではありません。しかし逆に、ある種の（行的な）体験の積み重ねによって身体が変容し、ある状態に至れば、わかりたくなくても、いやでもわかってしまう。それが「体験的な真理」の「真理」としての特殊性です。そのような真理を得るのに、他者の思考の結果の蓄積である哲学、思想、宗教の知識は、あまり役に立ちません。あってもかまいませんが、下手に知識があるとそれにとらわれてしまうため、有害な場合さえ少なくないのです。

必要なのはむしろ、(「自我の破れ」に自分を導くような)ある種の「体験」の積み重ね。「体験」の積み重ねに次ぐ、積み重ね。そしてその結果、わが身に生じる変化(自己変容)に関する「自己了解」です。

その意味では、下手に知識を重ねるよりも、あくまで自分の経験にのみ、自分自身のこころの声にのみ忠実に生きていくことが何より重要なのです。

もう、おわかりでしょう。

これまでにも無数の書物が書かれてきたこのテーマについて、私があえて一冊の本を書いた理由。それは、これまで書かれてきたものに(その内容というよりも、その書かれ方について)ある不満があるからです。

このテーマについて書かれた本のほとんどが、思索の結果到達した「答え」だけを記していました。「私は結局、こういう考えを持つに至った」というその「結論」だけを提示しているのです。

私の考えでは、この問題についてある「答え」を手にすることができるのは、ある種の「体験」を持った者だけです。その「体験」を持たない者は、決してその「答え」に至ることはできません。

私たちが必要としているのは、この問題に対する明確な解答と、そこに至る自己変容(行)のための心理学的方法論との両方であり、後者を欠いてはほとんど何の意味も持たないのです。

そしてこの心理学的方法論を研究するのが私の専門とする「人間性/トランスパーソナル心理学」です。

大切なことなのでくり返しますが、私が得た「答え」、私が得た「人生の意味と目的」は「体験的な真理」です。それは「知るもの」ではなく「目覚めるもの」です。

死に物狂いで「人生の意味と目的」を探し求める。自分自身で「人生の意味と目的」を手に入れようと、狂わんばかりにその答えを求め続ける。この「求め」の体験の極限において、自我が破れ、真実が自ずと姿を現す。語り出す。このような仕方でしか、手に入らないものです。

しかも、その「時」が来れば、真理のほうからおのずと語りかけてきてくれる。そのようなものなのです。

その真理を伝えるのに、「人生の意味と目的は、かくかくしかじかのものですよ」と一つの「正解」を直接的に伝えても、何にもなりません。むしろそのような仕方で直接的に答えを与えることは、結果的に真理から読者を引き離す害毒、有害な精神安定剤にしかならないでしょう。

では、どうするか。

文字による書物という仕方では自ずと限界がありますが、私は、三部作による、いわば三段攻撃でこの難題にチャレンジしようと思います。

三部作の第一作である本書では、「問いのうず」に読者であるあなたを引き込むことを目的としました。人生の意味や目的の問題についてまだぼんやりとしか考えたことがないあなたが、自分自身の切迫した問題としてこの問題に向かっていくきっかけを与えること。人生の意味や目的の問題を考え始めると何だか落ちつかない状態に、あなたを誘っていくこと。これが本書の目的です。本書で、一つの「正解」ではなく、いくつもの「答え」を並べて示したのは、そのためです。

第二作では、私自身の個人的な体験を語ることを通して、読者を真理探究の旅に誘いたいと思っています。この種の「体験的な真理」には、個人的な体験に即してしか表現することができないところがあるからです（仮題『こうして私は、人生の意味を知った』）。

さらに第三作では、私がたどり着いた真実の世界と、そこにたどり着くための具体的な方法論を十一のレッスンとして紹介するつもりでいます（仮題『人生のすべての出来事には意味がある　スピリチュアルに生きるための11のレッスン』）。

最後に一つだけ。

人生の意味や目的といった「体験的な真理」は、言葉からなった書物という形では、伝えるのに限界があります。近いうちに私は、自分の人生の意味や目的を探し求める人のための「こころの道場」のようなものを始めたい、と思っています。ないしは、自分の生き方を問い求め続ける人のための「自己探究」の「私塾」のようなものを。

私が専門としている「人間性／トランスパーソナル心理学」の世界では、もともと「治療」の意味がある「セラピー」という言葉を、「自己成長／自己超越」の体験を促進する心理学的アプローチ、といった意味で用いてきました。

特に悩みがあるわけではない。症状が出ているわけでもない。

ただ、「何か」足りない。心の深いところが満たされない。

もっと「ほんものの人生」「ほんとうの生き方」を求めていきたい。

そのような思いを抱いている方々が集《つど》い、その思いを共有し、安心して自己を究めていくことができる、心理学的な「自己成長道場」「自己探究塾」のようなものをスタートさせたいと思っています。

最初は小さな集まりから始めて――次第に、同じ志を持つ者同士がゆるやかなつながりを持ち始めて広がっていき（覚醒のネットワーク）――そして最終的には、この国全体、そして世界の全体が、同時進行的な「自己成長の王国」へと発展し変容していけばと、大きな夢を見ながら、少しずつ着実に踏み出していきたいと思っています。

その準備として、実はすでに数年前から、仲間と私塾のような形で、ある研究会（気づきと学びの心理学研究会〈アウエアネス〉）を立ち上げ、自己成長／自己探究のための体験的な研修会（ワークショップ）をおこなっています。

気づきと学びの心理学研究会〈アウエアネス〉の御案内

自分自身への気づきと学び、自己成長を、人間性／トランスパーソナル心理学のさまざまな理論と技法の体験的な学習を通じてサポートしていく研究会です。

御関心がおありの方は、私のホームページ（http://morotomi.net/）にて研修会情報をご覧いただくか、研究会事務局まで、九〇円切手を貼った返信用封筒同封にてお問い合わせください。

研究会事務局　〒101―8301千代田区神田駿河台1―1　明治大学一四号館　諸富研究室「気づきと学びの心理学研究会〈アウェアネス〉」
ホームページをご覧になった上での、お申し込みのメールは下記まで　awareness@iiwa.net

諸富祥彦・関連著作

『生きがい発見の心理学』（新潮社）
『〈むなしさ〉の心理学』（講談社現代新書）
『トランスパーソナル心理学入門』（講談社現代新書）
『生きていくことの意味』（PHP新書）
『孤独であるためのレッスン』（NHKブックス）
『さみしい男』（ちくま新書）

講談社現代新書　1787

人生《じんせい》に意味《いみ》はあるか

二〇〇五年五月二〇日第一刷発行　二〇一八年四月一七日第八刷発行

著　者　諸《もろ》富《とみ》祥《よし》彦《ひこ》

発行者　渡瀬昌彦
発行所　株式会社講談社
東京都文京区音羽二丁目一二―二一　郵便番号一一二―八〇〇一
電　話　〇三―五三九五―三五二一　編集（現代新書）
〇三―五三九五―四四一五　販売
〇三―五三九五―三六一五　業務
装幀者　中島英樹
印刷所　凸版印刷株式会社
製本所　株式会社国宝社
定価はカバーに表示してあります　Printed in Japan

N.D.C.141　234p　18cm
ISBN4-06-149787-1

「講談社現代新書」の刊行にあたって

教養は万人が身をもって養い創造すべきものであって、一部の専門家の占有物として、ただ一方的に人々の手もとに配布され伝達されうるものではありません。

しかし、不幸にしてわが国の現状では、教養の重要な養いとなるべき書物は、ほとんど講壇からの天下りや単なる解説に終始し、知識技術を真剣に希求する青少年・学生・一般民衆の根本的な疑問や興味は、けっして十分に答えられ、解きほぐされ、手引きされることがありません。万人の内奥から発した真正の教養への芽ばえが、こうして放置され、むなしく滅びさる運命にゆだねられているのです。

このことは、中・高校だけで教育をおわる人々の成長をはばんでいるだけでなく、大学に進んだり、インテリと目されたりする人々の精神力の健康さえもむしばみ、わが国の文化の実質をまことに脆弱なものにしています。単なる博識以上の根強い思索力・判断力、および確かな技術にささえられた教養を必要とする日本の将来にとって、これは真剣に憂慮されなければならない事態であるといわなければなりません。

わたしたちの「講談社現代新書」は、この事態の克服を意図して計画されたものです。これによってわたしたちは、講壇からの天下りでもなく、単なる解説書でもない、もっぱら万人の魂に生ずる初発的かつ根本的な問題をとらえ、掘り起こし、手引きし、しかも最新の知識への展望を万人に確立させる書物を、新しく世の中に送り出したいと念願しています。

わたしたちは、創業以来民衆を対象とする啓蒙の仕事に専心してきた講談社にとって、これこそもっともふさわしい課題であり、伝統ある出版社としての義務でもあると考えているのです。

一九六四年四月　野間省一

哲学・思想Ⅰ

66 哲学のすすめ――岩崎武雄
159 弁証法はどういう科学か 三浦つとむ
501 ニーチェとの対話――西尾幹二
871 言葉と無意識――丸山圭三郎
898 はじめての構造主義 橋爪大三郎
916 哲学入門一歩前――廣松渉
921 現代思想を読む事典 今村仁司 編
977 哲学の歴史――新田義弘
989 ミシェル・フーコー 内田隆三
1001 今こそマルクスを読み返す 廣松渉
1286 哲学の謎――野矢茂樹
1293 「時間」を哲学する――中島義道
1315 じぶん・この不思議な存在―鷲田清一
1357 新しいヘーゲル――長谷川宏
1383 カントの人間学――中島義道
1401 これがニーチェだ――永井均
1420 無限論の教室――野矢茂樹
1466 ゲーデルの哲学――高橋昌一郎
1575 動物化するポストモダン 東浩紀
1582 ロボットの心――柴田正良
1600 ハイデガー=存在神秘の哲学――古東哲明
1635 これが現象学だ――谷徹
1638 時間は実在するか 入不二基義
1675 ウィトゲンシュタインはこう考えた 鬼界彰夫
1783 スピノザの世界――上野修
1839 読む哲学事典――田島正樹
1948 理性の限界――高橋昌一郎
1957 リアルのゆくえ――大塚英志 東浩紀
1996 今こそアーレントを読み直す――仲正昌樹
2004 はじめての言語ゲーム――橋爪大三郎
2048 知性の限界――高橋昌一郎
2050 超解読! はじめてのヘーゲル『精神現象学』 竹田青嗣 西研
2084 はじめての政治哲学 小川仁志
2099 超解読! はじめてのカント『純粋理性批判』 竹田青嗣
2153 感性の限界――高橋昌一郎
2169 超解読! はじめてのフッサール『現象学の理念』――竹田青嗣
2185 死別の悲しみに向き合う――坂口幸弘
2279 マックス・ウェーバーを読む――仲正昌樹

心理・精神医学

331 異常の構造――木村敏
590 家族関係を考える――河合隼雄
725 リーダーシップの心理学――国分康孝
824 森田療法――岩井寛
1011 自己変革の心理学――伊藤順康
1020 アイデンティティの心理学 鑪幹八郎
1044 〈自己発見〉の心理学 国分康孝
1241 心のメッセージを聴く 池見陽
1289 軽症うつ病――笠原嘉
1348 自殺の心理学――高橋祥友
1372 〈むなしさ〉の心理学 諸富祥彦
1376 子どものトラウマ――西澤哲
1465 トランスパーソナル心理学入門――諸富祥彦
1787 人生に意味はあるか 諸富祥彦
1827 他人を見下す若者たち 速水敏彦
1922 発達障害の子どもたち――杉山登志郎
1962 親子という病――香山リカ
1984 いじめの構造――内藤朝雄
2008 関係する女 所有する男――斎藤環
2030 がんを生きる――佐々木常雄
2044 母親はなぜ生きづらいか――香山リカ
2062 人間関係のレッスン 向後善之
2076 子ども虐待――西澤哲
2085 言葉と脳と心――山鳥重
2105 はじめての認知療法――大野裕
2116 発達障害のいま――杉山登志郎
2119 動きが心をつくる――春木豊
2143 アサーション入門――平木典子
2180 パーソナリティ障害とは何か――牛島定信
2231 精神医療ダークサイド 佐藤光展
2344 ヒトの本性――川合伸幸
2347 信頼学の教室――中谷内一也
2349 「脳疲労」社会――徳永雄一郎
2385 はじめての森田療法 北西憲二
2415 新版 うつ病をなおす 野村総一郎
2444 怒りを鎮める うまく謝る 川合伸幸

L

趣味・芸術・スポーツ

620 時刻表ひとり旅——宮脇俊三
676 酒の話——小泉武夫
1025 J・S・バッハ——礒山雅
1287 写真美術館へようこそ——飯沢耕太郎
1404 踏みはずす美術史——森村泰昌
1422 演劇入門——平田オリザ
1454 スポーツとは何か——玉木正之
1510 最強のプロ野球論——二宮清純
1653 これがビートルズだ　中山康樹
1723 演技と演出——平田オリザ
1765 科学する麻雀——とつげき東北
1808 ジャズの名盤入門——中山康樹
1890 「天才」の育て方——五嶋節
1915 ベートーヴェンの交響曲——金聖響 玉木正之
1941 プロ野球の一流たち　二宮清純
1970 ビートルズの謎——中山康樹
1990 ロマン派の交響曲——金聖響 玉木正之
2007 落語論——堀井憲一郎
2045 マイケル・ジャクソン——西寺郷太
2055 世界の野菜を旅する　玉村豊男
2058 浮世絵は語る——浅野秀剛
2113 なぜ僕はドキュメンタリーを撮るのか——想田和弘
2132 マーラーの交響曲——金聖響 玉木正之
2210 騎手の一分——藤田伸二
2214 ツール・ド・フランス　山口和幸
2221 歌舞伎　家と血と藝　中川右介
2270 ロックの歴史——中山康樹
2282 ふしぎな国道——佐藤健太郎
2296 ニッポンの音楽——佐々木敦
2366 人が集まる建築——仙田満
2378 不屈の棋士——大川慎太郎
2381 138億年の音楽史　浦久俊彦
2389 ピアニストは語る　ヴァレリー・アファナシエフ
2393 現代美術コレクター　高橋龍太郎
2399 ヒットの崩壊——柴那典
2404 本物の名湯ベスト100　石川理夫
2424 タロットの秘密——鏡リュウジ
2446 ピアノの名曲——イリーナ・メジューエワ

日本語・日本文化